陳布雷從政日記

（1946）

The Official Diaries of Chen Pu-lei, 1946

民國日記｜總序

呂芳上
民國歷史文化學社社長

　　人是歷史的主體，人性是歷史的內涵。「人事有代
謝，往來成古今」（孟浩然），瞭解活生生的「人」，才
較能掌握歷史的真相；愈是貼近「人性」的思考，才愈能
體會歷史的本質。近代歷史的特色之一是資料閎富而駁
雜，由當事人主導、製作而形成的資料，以自傳、回憶
錄、口述訪問函札及日記最為重要，其中日記的完成最
即時，描述較能顯現內在的幽微，最受史家重視。

　　日記本是個人記述每天所見聞、所感思、所作為有
選擇的紀錄，雖不必能反映史事整體或各個部分的所有細
節，但可以掌握史實發展的一定脈絡。尤其個人日記一方
面透露個人單獨親歷之事，補足歷史原貌的闕漏；一方面
個人隨時勢變化呈現出不同的心路歷程，對同一史事發為
不同的看法和感受，往往會豐富了歷史內容。

　　中國從宋代以後，開始有更多的讀書人有寫日記的
習慣，到近代更是蔚然成風，於是利用日記史料作歷史

研究成了近代史學的一大特色。本來不同的史料，各有不同的性質，日記記述形式不一，有的像流水帳，有的生動引人。日記的共同主要特質是自我（self）與私密（privacy），史家是史事的「局外人」，不只注意史實的追尋，更有興趣瞭解歷史如何被體驗和講述，這時對「局內人」所思、所行的掌握和體會，日記便成了十分關鍵的材料。傾聽歷史的聲音，重要的是能聽到「原音」，而非「變音」，日記應屬原音，故價值高。1970 年代，在後現代理論影響下，檢驗史料的潛在偏見，成為時尚。論者以為即使親筆日記、函札，亦不必全屬真實。實者，日記記錄可能有偏差，一來自時代政治與社會的制約和氛圍，有清一代文網太密，使讀書人有口難言，或心中自我約束太過。顏李學派李塨死前日記每月後書寫「小心翼翼，俱以終始」八字，心所謂為危，這樣的日記記錄，難暢所欲言，可以想見。二來自人性的弱點，除了「記主」可能自我「美化拔高」之外，主觀、偏私、急功好利、現實等，有意無心的記述或失實、或迴避，例如「胡適日記」於關鍵時刻，不無避實就虛，語焉不詳之處；「閻錫山日記」滿口禮義道德，使用價值略幾近於零，難免令人失望。三來自旁人過度用心的整理、剪裁、甚至「消音」，如「陳誠日記」、「胡宗南日記」，均不免有斧鑿痕跡，不論立意多麼良善，都會是史學研究上難以彌補的損失。史料之於歷史研究，一如「盡信書不如無書」的話語，對證、勘比是個基本功。或謂使用材料多方查證，有如老吏斷獄、

法官斷案，取證求其多，追根究柢求其細，庶幾還原案貌，以證據下法理註腳，盡力讓歷史真相水落可石出。是故不同史料對同一史事，記述會有異同，同者互證，異者互勘，於是能逼近史實。而勘比、互證之中，以日記比證日記，或以他人日記，證人物所思所行，亦不失為一良法。

從日記的內容、特質看，研究日記的學者鄒振環，曾將日記概分為記事備忘、工作、學術考據、宗教人生、游歷探險、使行、志感抒情、文藝、戰難、科學、家庭婦女、學生、囚亡、外人在華日記等十四種。事實上，多半的日記是複合型的，柳貽徵說：「國史有日歷，私家有日記，一也。日歷詳一國之事，舉其大而略其細；日記則洪纖必包，無定格，而一身、一家、一地、一國之真史具焉，讀之視日歷有味，且有補於史學。」近代人物如胡適、吳宓、顧頡剛的大部頭日記，大約可被歸為「學人日記」，余英時翻讀《顧頡剛日記》後說，藉日記以窺測顧的內心世界，發現其事業心竟在求知慾上，1930 年代後，顧更接近的是流轉於學、政、商三界的「社會活動家」，在謹厚恂恂君子後邊，還擁有激盪以至浪漫的情感世界。於是活生生多面向的人，因此呈現出來，日記的作用可見。

晚清民國，相對於昔時，是日記留存、出版較多的時期，這可能與識字率提升、媒體、出版事業發達相關。過去日記的面世，撰著人多半是時代舞台上的要角，他們

的言行、舉動，動見觀瞻，當然不容小覷。但，相對的芸芸眾生，識字或不識字的「小人物」們，在正史中往往是無名英雄，甚至於是「失蹤者」，他們如何參與近代國家的構建，如何共同締造新社會，不應該被埋沒、被忽略。近代中國中西交會、內外戰事頻仍，傳統走向現代，社會矛盾叢生，如何豐富歷史內涵，需要傾聽社會各階層的「原聲」來補足，更寬闊的歷史視野，需要眾人的紀錄來拓展。開放檔案，公布公家、私人資料，這是近代史學界的迫切期待，也是「民國歷史文化學社」大力倡議出版日記叢書的緣由。

導言

劉維開
國立政治大學歷史學系教授

一

陳布雷（1890 年11 月15 日－1948 年11 月13 日），浙江慈谿人，原名訓恩，字彥及，筆名布雷、畏壘。早年為記者，之後從政，歷任國民政府軍事委員會侍從室第二處主任、國防最高委員會副秘書長、中國國民黨中央政治委員會秘書長等職，是蔣中正在大陸時期最倚重的幕僚，信任之專，難有相比者。從政日記，開始於1935 年3 月1 日，終止於1948 年11 月11 日逝世前夕，前後十三年又八個月。事實上，在此之前亦有日記，1935 年10 月12 日，陳氏曾「整理舊篋，得民國十一年之舊日記三冊，重讀一過，頗多可回味之處。」然這部份的日記至今並未得見，僅能於其《回憶錄》了解一二。

二

關於《陳布雷從政日記》的流傳經過，陳氏八弟陳叔同應《傳記文學》社長劉紹唐之邀，撰〈關於陳布雷

日記及其他〉（《傳記文學》第55卷第5期，1989年11月）一文說明。根據陳叔同的記述，陳布雷逝世後，家屬曾將其於1936年及1940年所撰寫之《回憶錄》，即出生至五十歲止之求學與工作經歷，以原始親筆墨蹟於1949年初出版。「不久時局危殆，政府各機關紛紛撤離大陸，正當上海行將淪陷之際，又匆匆將布雷先生自民國二十四年一月起至三十七年十一月十二日其逝世前夕止的親筆日記，全部以拍照縮製卅五米厘微膠卷，裝置小盒，由大陸帶出，分藏於美、臺各家人手中；而日記原稿數十冊，仍留置上海無法運走。」「日記原稿，為毛筆字書寫之十行紙簿本，整十三年之日記，多達數十冊，約五百七十萬字。經製作微膠卷，重僅三百公克，雖當時製作微膠卷技術，遠不如今日，但能安全攜出布雷先生日記於自由地區，實為一大幸事。」日記膠卷攜出後，陳氏家屬一直未作任何處理，至1961年間，臺北方面家屬考慮日記閱讀方便，並能妥善保存，認為似宜設法排印，乃先將每一膠片沖印為5乘7英吋照片，達可直接目視閱讀之程度，以利排版，復由陳布雷六弟陳訓悆於《香港時報》社長任內，在香港排印三十部，每部五冊。

　　陳布雷日記之排印本，起自1935年3月1日。先是陳氏於1934年5月受蔣中正延攬，任軍事委員會委員長南昌行營設計委員會主任。1935年2月，蔣氏修改侍從室組織，分設一、二兩處，以陳氏為侍從室第二處主任兼第五組組長。3月1日，軍事委員會委員長武昌行營成立，陳

氏參加成立典禮，並於是日起始為日記，謂：「自三月起始為日記，自是日日為之，未嘗中輟焉」。日記結束於1948年11月11日，為逝世前二日，時任中國國民黨中央政治委員會秘書長。因日記所涉時間，為陳氏從事政務階段，家屬乃將其題名為「陳布雷先生從政日記」。復以「布雷先生從事黨政工作數十年，雖無顯赫官位，但大部時間，均為輔佐決策當局，暨任總裁文字之役，其內容多涉當時決策及中樞官員，我家人亦深知布雷先生日記之發表殊非所宜」（陳叔同文），因此於題名加「稿樣」兩字，為「陳布雷先生從政日記稿樣」，表示僅為樣書並非正式出版品，由居住在大陸以外地區之家屬各自保存，作為紀念。2016年1月，美國史丹福大學胡佛檔案館宣布由陳布雷侄兒陳迪捐贈的陳布雷日記將完整對外公開。陳迪為陳訓悆長子，因陳布雷日記原件目前藏在南京的中國第二歷史檔案館，該日記應為當年排印《陳布雷先生從政日記稿樣》之依據。

三

《陳布雷先生從政日記稿樣》完成後，並未對外界透露，僅由陳訓悆檢送一套呈報蔣中正鑒核。至1988年2月，南京中國第二歷史檔案館出版的《民國檔案》刊登〈陳布雷日記選－1936年1月－2月〉，首度揭露陳布雷有日記存世。次（1989）年底，臺北《傳記文學》轉載

〈陳布雷日記選－1936年1月－2月〉，同時發表前述陳
叔同撰寫之〈關於陳布雷日記及其他〉一文，外界始知除
日記外，尚有日記排印本由家屬保管。

對於《民國檔案》及《傳記文學》刊登陳氏日記一
事，陳叔同於該文中表示「時至今日，此一四十年前涉及
政務黨務之私人日記，早因時移世遷，當事人十九亡故，
再無密而不宣之必要」，但為避免日記出現刪節或斷章取
義等問題，「亟願布雷先生日記持有人，能儘早主動予以
公開發表，以減少其被竄改與造謠欺世之機會」。《傳記
文學》社長劉紹唐亦於該文文末「編者按」中，表示：
「本刊正試洽此一日記稿本交由本刊連載之可能性」，然
似乎未有結果。2002年9月，陳氏長孫陳師孟出任總統府
秘書長後，將《陳布雷先生從政日記稿樣》全套五冊捐贈
國史館典藏，並同意提供研究者參閱。此後，陳布雷日
記排印本正式對外公開，研究者得以參閱，撰寫相關主
題。其中東海大學歷史研究所沈建億在呂芳上教授指導
下，完成碩士論文《蔣介石的幕僚長：陳布雷與民國政治
（1927-1948）》，為日記公開後，第一篇以陳布雷為主
題進行研究之學術論文，內容嚴謹，頗受外界好評。

留置在上海之陳布雷日記原稿，據復旦大學歷史文
獻學博士鞠北平在其學位論文《陳布雷文獻資料研究──
從議政到從政》中敘述，文化大革命時被抄家抄走，後來
輾轉流傳到了上海市檔案館。文化大革命結束後，上海市
檔案館將日記歸還家屬，家屬復將日記原件捐獻南京中

國第二歷史檔案館。該館於1988年在《民國檔案》第一
期上，選刊1936年1至2月日記的內容，之後未再繼續，
原件迄今未對外公開。目前大陸方面有兩個日記版本曾
經為研究者運用。一是由陳布雷二子陳過保存之《畏壘室
日記》影印件，該件據《陳布雷大傳》作者王泰棟轉述陳
過說明，乃因日記原稿委託中國歷史第二檔案館保管，該
館依例複印三套給家屬，此為其中一套，共二十九本，自
1935年2月至1948年11月11日，缺1941年上半年一本。
王泰棟撰寫《陳布雷大傳》、《陳布雷日記解讀——找尋
真實的陳布雷》及寧波大學戴光中撰〈從陳布雷日記看其
晚年心態〉等，乃依照此版本。一是上海市檔案館之抄寫
本，該館將日記原稿歸還陳布雷家屬時，曾經留下了複印
本，爾後由複印本衍生出抄寫本。鞠北平撰寫博士論文時
所參考陳氏日記，即是其導師、上海市檔案館研究館員
馮紹霆提供的抄寫本。抄寫本的內容從1935年3月1日到
1948年6月30日，缺少最後四個半月。

四

　　日記是研究歷史人物的重要素材，不僅可以研究傳
主一生經歷與思想，同時也可以研究與其相關人物之生平
與思想。陳布雷日記每日以敘事性方式記錄，自起床至就
寢，整日的工作情況，時間、地點、人物相當明確，內容
包括處理公務、會客、出訪、談話等，簡要翔實，1935

年、1936年日記並有摘錄各方呈送報告內容，實際上就是他的工作日誌。1935年，陳氏曾隨蔣氏至四川、貴州、雲南等地巡視，對於地方政情及風俗民情多有記錄，可作為抗戰前中央對於西南地區理解之參考。

陳氏亦於日記中記錄其自我檢討或對人事之個人意見，為理解其心態之重要參考。如1935年7月27日，陳氏以長篇文字反省其短處，列出八項缺點，以及四項「急救之道」與應學習對象，曰：「今晨澈底自省余之短處，不一而足，憤世太深而不能逃世，此一病也。自待甚高，而自修不足，此二病也。既否定自身之能力，而求全好勝名心未除此三病也。憤激之餘，流於冷漠，對人對己均提不起熱情，甚至事務頹弛，酬應都廢，而託於淡泊以自解此四病也。對舊友新交，親疏冷暖，往往過當，有時興酣耳熱，則作交淺言深之箴規，無益於人，徒滋背憎此五病也。對於後進祇知獎掖，不知訓練，又不知保持分際之重要，對於部屬，祇知涉以情感，不知繩以紀律，此六病也。對於公務，不知迅速處理，又不能適當支配，遲迴審顧，遂多擱置，此七病也。手頭事務不能隨到輒了，而心頭時常牽憶不已，徒擾神思，益減興趣，此八病也。受病已深，袪之不易。但既不能逃世長往，則悠悠忽忽，如何其可。急救之道宜從簡易入手。一、戒遲眠；二、戒多言；三、勿求全；四、勿擱置太久。（五日一檢查）其在積極方面：安詳豁達，宜學幾分大哥之長處；熱情周至，宜學幾分四弟之長處；處事有條理宜學幾分黎叔之長處；

交友處世，不脫不黏，宜學幾分佛海之長處；循此行之，庶寡尤悔乎。」在1935年11月中國國民黨五全大會之後，陳氏深感體力心力交疲，兼以黨政機構改組以後，人事接洽，甚感紛紜，乃向蔣氏請准病假一月，杭州養病。在此期間，陳氏對於自身精神狀況多有檢討，如12月20日記道：「自念數年來所更歷之事，對余之志趣無一脗合、表面上雖強自支持，而實際無一事發於自己之志願。牽於情感，俯仰因人。既不能逃世長往，又不能自伸己意。至于體認事理，則不肯含胡，對於責任又過分重視。體弱志強心羸力絀。積種種矛盾痛苦之煎迫，自民十六年至今，煩紆抑鬱，無日而舒，瀕於狂者屢矣。每念人生唯狂易之疾為最不幸，故常於疾發之際，強自克制，俾心性得以調和。亦賴友朋相諒，遇繁憂錯亂之時，往往許以休息，然內心痛苦，則與日俱深。頗思就所經歷摹寫心理變遷之階段，詳其曲折，敘其因由，名曰『將狂』，作雜感式之紀述，或亦足供研究心理變態者之參考也。」

陳布雷交遊甚廣，在日記中留下了大量的交往記錄，大體而言，可以分為幾個部分：家人、早年就讀浙江高等學校的同學、任教寧波效實中學之同事、新聞圈友人、侍從室同僚、中央及地方黨政人士等，其中尤以最後兩部分在日記所佔分量最多，有時亦會記下對人的品評或個人感想，頗具參考價值。如1936年10月26日，聞湖北省政府主席楊永泰於前一日在漢口碼頭遇刺身亡，記道：「暢卿為人自負太高，言論行動易開罪於人，一般對之毀

譽不一，然其負責之勇，任事之勤，求之近日從政人員中亦不可多得。竟死非命，至足惜也。」陳氏與楊永泰共事頗久，此段評論，當為近身觀察所得，可為理解楊氏行事之參考。再如1936年12月7日，陳氏閱報知黃郛因肝癌病逝，記道：「黃氏智慮周敏，富於肆應之才，然兩次當外交之衝，均蒙惡名以去，病中鬱鬱，聞頗不能自解，竟以隕身，亦時代之犧牲者。」此段記述對於理解黃郛，乃至黃氏與蔣中正關係之變化，提供了若干訊息。

　　另一方面，陳氏作為蔣中正之重要幕僚，除代擬文稿、參與會議外，日常與蔣氏接觸頻繁，亦常奉指示，就重要決策徵詢黨政相關人士意見，這些過程往往記錄於日記，提供理解蔣氏之側面資料。如1936年5月，陳氏隨侍蔣氏自廬山返京，於九江搭艦至蕪湖，途中與蔣氏作三十分鐘之談話，詳述其對於國事之觀察及自身心理煩悶之由來，蔣氏勸其注意身體，以和而不同為立身之準則，記道：「委員長謂：種種消極悲觀，多由身體衰弱而起，宜節勞攝生，對人對事則仍須保持獨立之見解，以和而不同為立身之準則可耳。」（5月4日）是年9月，成都事件、北海事件相繼發生，中、日兩國緊張情勢升高，蔣氏時在廣州，各方催促其返回南京之電報不斷，陳氏於23日記道：「行政院各部會長昨聯電促委員長歸京，今日孔副院長亦來電請歸京主持，均奉批『閱』字，但對余言：此間事畢，則歸京耳。」復記：「晚餐畢，委員長來侍從室，命予同往散步。旋同至官邸，侍談甚久。見委員長從容鎮

定,對國內政治等仍從容處理。略談外交形勢,亦不如京中諸人之憂急無措,但微窺其意,當亦以大計無可諮商為苦。」再如1948年4月,中國國民黨六屆臨時中全會堅持欲推蔣中正為行憲第一任總統候選人,與蔣氏原意不合,6日晚,蔣氏與陳談話一小時餘,談話內容如何,不得而知,但陳氏於次(7)日日記記錄對蔣談話之感想,曰:「追繹委座昨日之談話,知其對中樞散漫情形甚關懷念,然積習相沿,遺因已久,蓋在第四次代表大會時始矣。今日欲圖補救,確非重振綱紀不可。此決非另起爐灶之謂,實應痛下決心,由中樞諸人衷心懺悔,改革制度,改革作風,刷新人事,多用少壯幹部。而任用幹部,則以公誠與能力為第一標準,如此一新耳目,庶克有濟。今日領袖不能再客氣姑息,黨員不能再諉過塞責了事,非一新耳目,不足以使本黨存在,以號召國人。然環顧黨中能自反自訟者寥若晨星,新幹部亦未作適當之培養,念之殊為憂心悄悄也。」4月12日,蔣氏主持總理紀念週講話,內容關係黨紀黨德及對部分國大代表主張修憲之意見,次日《中央日報》僅有六行的篇幅報導。陳氏則於日記記錄蔣講話重點:「注重黨德,遵守黨紀,決不可以私害公,亦不可對外自損黨的信譽。現值非常時期,應知國恥重疊,國難嚴重,切不可議論紛紜,使大會曠日持久,遷延時日。要知拖延大會日期,使吾人不能專心努力於戡亂,正為共產黨所求之不得者。至於憲法未始不可修改,然此次以不修改為宜,即或顧及戡亂時期之臨時需要,亦應以其他方法求

變通之道。關於擴大國民大會職權及設置常設委員會，萬
不可行。至戡亂完畢時，自可召集第二次大會。」對於探
討蔣氏之心態，具有相當參考價值。

　　陳氏於1948年11月13日去世，1948年為其最後一
年日記，而該年亦是中華民國實施憲政的第一年。行憲伊
始，對於政府而言，各種問題，紛至沓來，陳氏周旋其
間，精神負擔沉重，對黨內諸多現象，憂心不已，於日記
中多有反映，深感「黨內情形複雜，黨紀鬆弛，人自為
謀，不相統屬」，（5月5日）藉由其日記所記，不僅可
以揣度陳氏在這一年之心境轉折，亦可知除軍事之外，
政府與蔣中正在政治上所面臨的困境，對於1949年大變
局，能有更深一層的理解。

　　《陳布雷先生從政日記稿樣》自史政機構對外公開
後，數十年來已廣為學者參閱，相關研究著作陸續出現。
然《陳布雷先生從政日記稿樣》原意並非提供研究之用，
閱讀上仍有不便。今民國歷史文化學社以該書為基礎，重
予校對排印，公開出版，以期為民國史研究者提供重要參
考資料。此不僅對國民政府、軍委會內部運作之研究、對
蔣中正研究，以及民國史相關研究，均具重要意義。對陳
布雷個人，其文字造詣深，忠勤任事，而生活淡泊，日記
記事更給予後人諸多啟示。

編輯凡例

一、本套日記為原東南印務出版社編印，但最終並未發行之《陳布雷先生從政日記稿樣》，自1935年3月1日起，至1948年11月11日止。

二、本套日記依原東南印務出版社編印之版本，重新以橫式排版，與原書排版方式不盡相同。

三、古字、罕用字、簡字、通同字，在不影響文意下，改以現行字標示；原手民誤植之處則直接修正，恕不一一標注。

四、部分內容為便利閱讀，特製成表格，並將中文數字改為阿拉伯數字。

目　錄

民國 35 年

1 月 1 日　星期二　陰、中午晴　四十八度

　　八時許猶沉睡，以僕人來喚始起（元旦前夕宿山寓，夜與諸兒談話過久，故入睡較遲）。進食後匆匆乘車回渝。九時到國府，在草坪上遙謁國父陵寢。禮畢，參加元旦開國紀念典禮。主席致懇摯之訓勉詞，旋舉行團拜，禮成後入謁主席賀歲。主席含笑答禮，還祝余之健康，並囑下午去山洞。余測其意，或欲余休息一天也。十時偕曹聖芬秘書返美專寓，囑其摘述典禮訓時要點，由余閱定後送報紙發表。芷町局長及漢平、昌煥、白虹、實之諸秘書來賀年，鐵城、道藩、騮先、化之、增夫、凌百先後來賀年，旋國防會同人滇生、振夫、翔宇、金銓來賀年，談卅分鐘而去。力子先生亦來訪，談二十分鐘。正午與九妹、細、憐兩兒及約、迪兩侄等會餐，團敘極驩。午餐後小睡起，與細、憐兩女談話。唐乃建君來談今後時局與中央應準備之事，四時始去。余今日心地寬閒而愉悅。四時卅分由美專寓回山寓，知皋兒夫婦已來山寓，不及待余而歸矣。六時卅分晚餐，餐畢閱舊時所編之回憶錄，使腦筋得有休息。與皓、鎧、明、樂等談話。十時五十分就寢。

1 月 2 日　星期三　陰、下午晴、夜雨　四十八度

　　八時卅分起。諸兒已分別回去矣。以歲暮冗繁，今日再留此一日，藉以休養腦力，恢復疲勞。委座昨日命余回山寓，其意當即在於此也。十一時到周秘書處，閱報並

談南京情形。預測吾人東下之期，當此紛紜，甚難早日決
定，然陰曆年底可能回京一行。十二時午餐畢，又小睡
一小時餘，甚酣暢。今日真完全休息矣。四時晴霽，擬
出遊，而未幾即陰且下雨，遂未果。籌劃家人東下事。
閱舊書自遣。夜與旦姨、允默談少時軼事，甚覺怡適。
十一時寢。

1月3日　星期四　陰雨　四十八度

　　八時五十分起。十時謁委座報告李宗黃、關麟徵兩
君之意見及憲社組織之大概，並請示回渝一行。委座謂無
事則可在山洞小憩，隨時咨詢，較便利。然余在渝實亦有
事也。十時卅分遊山寓動身回渝，閱函札多件。十一時卅
分到亮疇先生家商政治協商會之件，諸人均到，亮疇、達
詮亦參加，議決於七日開談話會，由鐵城於下午報告之。
一時散會歸寓，午餐後小睡一小時起，延陳醫來打針。四
弟足疾，脛上有紅筋，即囑陳醫為之療治之。研究亮疇先
生草擬之方案，傍晚約吳德生君來詳談。今日寒甚，又
傷風。夜道藩來談滇事。實之、祖望來長談。至十二時
後就寢。

1月4日　星期五　陰雨　四十七度

　　八時卅五分起。閱報集參考消息，作簽呈及報告各
一件。覆馬市長電，為接洽房屋事。向午張忠紱君來談，
辦理民力出版社事。余主張其與申報合作，談至十二時卅

分始去。一時午餐，餐畢往官邸謁委座，適邵明叔先生在座，略與寒暄。明叔退出後，余仍留十五分鐘，報告各事。二時回寓小憩，三時醒。唯果之弟唯建來談。三時十五分出席黨政小組會議（驪先未到，殊屬疏忽），至五時四十分始散會。八時到官邸晚餐。哲、鐵、雪、岳、立、厲、達詮、亮疇、力子、啟予均到，商談政治協商會議事。十一時歸寓，十二時寢。

1月5日　星期六　晴　四十九度

八時二十分起。昨晚擬為委座起草對政治協商會議之開會詞，大體結構已具有輪廓，惜回寓太晚，不及動筆。今晨思之，則文思已窒，文機已逝，轉覺疑難多端，不易著手。九時十五分之江大學李培恩校長來，談滬杭蘇教會四校建立聯合大學事，余力勸其詳加考慮，不宜遽予決定，詳談約一小時而去。經此一度見客，而擬撰之文詞更覺無法著手。午前略加研究，午餐後小睡至二時起，始勉強著手。然進行殊緩慢，氣機窒滯，不能貫串。中間又為宣傳問題與吳部長兩次通電話，至晚餐後始專心撰寫，至十二時後始完稿。一時就寢。

1月6日　星期日　晴　五十度

八時五十分起。約陳廣煜醫師來注射針藥後，閱本日各報即參考消息。國楨兄寄來新蜀夜報，係元旦出版者，內容尚稱豐富，函告其主持人劉、金兩君，貢獻意見

三點。十時卅分校整開會詞稿後，親攜至官邸，呈請核閱。適岳軍、啟予、為章在座談停止軍事衝突問題，委座囑岳軍訪馬歇爾，主張赤峰、多倫必須接收，並以馬帥之備忘錄交余閱讀。侍坐一小時餘，與岳軍略談而歸。十二時卅分午餐畢，小憩至二時卅分起。發致公展一電，並函請希聖移來美專街，以協商會期近，需其協助也。中央日報羅保吾來談。四時到亮疇家，開八人小組會談，七時始散。夜與四弟等談話。十二時寢。

1月7日　星期一　晴　五十度

八時起。寄出昨晚所撰之小品文送新蜀夜報。九時出席國府紀念週，吳文官長報告甚簡要，約十五分完畢。陪丁先生入見委座，接開十八次常會，未終會而先退席。至國府路三〇〇號訪張東蓀君，談一小時餘。見民主同盟之秘書處工作甚緊張也。十一時卅分歸寓，芷町來談。十二時與屬生等同赴青年黨之招待會，先行商談，繼聚餐，至二時三刻退席。即逕至軍委會，出席政治協商會議之茶會，實即各黨所要求之預備會也。除君勱、柳忱未到，炎培、張瀾有病外，餘均出席。由哲生主席，漱溟發言最多，恩來發言最刻，力子、孟真、伯鈞亦均發表意見。五時卅分散，到勝利大廈出席共產黨之雞尾酒會。稍留即歸，謁委座報告。晚餐後九時訪亮疇，商方案。十一時歸，與希聖談。十二時寢。

1月8日　星期二　陰、有霧　四十八度

八時卅分起。閱報及今日參訊，考慮協商會提案問題，發函三緘。十時卅分新民報記者浦熙修女士來訪，以其兩次函約，且立夫為之介紹，不能不接見之。既見後，其所提詢之問題滔滔不竭，余亦不欲規避答覆，以致接談達一小時以上。此為余接見新聞記者之第一次也。十二時卅分到官邸參加中央執監常委聚餐及談話會，商明日提出方案事。由亮疇宣讀後，眾無異詞，約明日上午在王宅再研究討論。然要點有仍未解決者。二時卅分午餐畢，回寓小睡，至四時起。新蜀夜報金東平君來訪，鼓勵而指示之。今日精神略疲，傍晚修改開會詞稿，至八時卅分完畢。乃建來談，希聖亦來詳談，至十一時始散。閱文件數件，十二時卅分就寢。

1月9日　星期三　陰雨　四十八度

八時十五發。今日樂兒乘侍從室便舟東下，允默亦自山洞來渝，為之整理一切。九時閱報後，為新民晚報修改訪問紀，至十時完畢。到亮疇先生寓舉行八人談話會，哲生未到，雪艇與立夫之意見大相逕庭，討論甚久，至一時許始匆匆決定初稿。回寓後疲甚，但神經緊張，不能入睡，合眼養息，約一小時而起。三時到中央黨部，先與哲生、鐵城談話。今日招待民主同盟，到漱溟、伯鈞、羅、東蓀、申府等五人，交換意見。哲生盡以政府之主張告之，雙方互有發言，沈衡山後到，亦表示甚多之意見，至

六時始散。回寓小憩後，即至官邸謁委座報告。旋歸寓一
行，八時又至官邸陪客。今夜約無黨派之政協會會員晚
餐，十時始散。回寓後與文白、國楨通電話。十一時卅
分寢。

1月10日　星期四　陰、小雨　四十八度

　　八時卅五分起。約聖芬來，校正講演詞稿。九時卅
分到官邸，陪見曾慕韓君。十時出席政治協商會議第一次
會，到會者卅六人，主席致詞，並宣佈張、周與馬歇爾已
商談就緒，即將發佈停止衝突之命令，場上鼓掌之聲四
起。主席又宣佈政府決定之事項凡四款，會眾亦熱烈歡
迎。繼由周恩來、曾慕韓、沈鈞儒、邵從恩四人相繼致
詞，以邵明叔之言為最冗長，約歷四十分鐘而畢。雷秘書
長報告後，即散會，已十二時矣。至主席室談話，並與哲
生等八人商洽一切。一時歸寓午餐，餐畢閱今日之各報。
小睡未熟，二時三刻起。三時赴中央黨部，出席我方邀約
中共代表之茶話會。吳玉章、董必武、王若飛最先到，其
他四人亦陸續來會。我方除岳軍外，均出席。哲生說明政
府方面之意見後，董、王、陸提出詢問，周恩來綜結說明
彼黨之注重點在「共同綱領」，在「憲法草案」，而於聲
述中，尤強調於解放區問題從制度中求解決，尤堪注意
也。六時五十分交談畢，即赴哲生之晚宴（今晚彼約宴民
主同盟）。八時五十分餐畢，至文白家小坐，與次宸、元
靖等談卅分鐘而歸。九時五十分希聖來談。十時卅分立

夫、國楨來談。立夫憂慨甚多，十一時卅分去。十二時寢。

1月11日　星期五　陰　四十八度

八時五十分起。閱各報及六組送來情報多件。協商會開會中，政府應主動辦理之事甚多，擬往訪亮疇商談而不果（以其不在家也）。與哲生先生通電話，並與國楨部長接洽宣傳事務。寫報告一件（昨日與中共代表晤談情形），費時一小時餘，十二時始完畢。李中襄同志承國民大會代表聯誼會公推，特來訪余，表示三點希望：

（一）五月五日開會之期不可變更；

（二）國大代表新增加之人數不宜太多，以致喧賓奪主；

（三）對政府所擬之擴大政府基礎方案，表示反對，謂如此不顧黨統，無以服同志。

言下頗有責備總裁左右輔弼無狀之意。余告以（一）（二）兩點當注意，而第（三）點則已成定案，且既提出，不可再改也。黨內見解之不一致，可為一嘆。然同志愛黨愛國之心亦似可嘉耳。中午忽患頭暈。午飯時食鯊魚及海味，小憩約一小時起。三時參加協商會第二次會議，到會員三十五人，孫哲生主席。首由張岳軍報告商談停止衝突經過，繼周恩來報告，其詞甚辯，而處處留有觀望拖延之餘地。繼商討議程，梁漱溟、張申府、羅隆基、沈鈞儒等先後發言，中共之董、王、周亦陸續發言，曾琦發言

三次，民盟方面打擊之甚力。我方由力子、雪艇、屬生分別解答，最後決定明日先報告會談經過，並推出軍事考察團人選。七時散會，與本黨代表八人商洽卅分鐘而歸。夜以今日會議情形由電話報告委座。希聖、芷町來談甚久。十一時卅分寢。

1月12日　星期六　晴　五十度

八時卅分起。九時到國府，出席政治協商會議第三次會，到會者卅五人。哲生主席，由周恩來報告雙十以前及雙十以後會談經過，歷五十分鐘始畢，可謂不放棄每一宣傳機會矣。繼力子作報告，約二十分鐘，似太無準備。旋即休息十五分鐘，再開會。邵從恩、余家菊、葉劍英相繼發言，旋由各方協商提出軍事考察團人選。何基鴻、林可璣、章元善、王葆真、李德全、周炳琳、杜斌丞、江觀淇諸人當選。十一時三刻散會，與哲生等八人談十五分鐘而歸。午餐畢，已一時，小憩至二時卅分起。作報告一件。三時十分到中央黨部，出席本黨代表團小組會議。四時十分在會議廳招待無黨派代表八人，聽取其意見。孟真對政府案有批評，甚有見地。七時卅分國大代表聯誼會招待本黨代表聚餐，多責望之言。九時始歸。希聖來談。十一時卅分寢。

1月13日　星期日　晴　五十二度

八時卅分起。閱報及報告多件，致亮疇先生函，為

通知國民參政會推選軍事考察團事。九時三刻應委座之約，赴林園官邸謁見。晤宋子文先生，談華北接收工作之情形。旋同委座報告關於協商會議之所見，奉諭囑撰通令各部隊官兵之令稿，口授要點，紀之別冊。又命研究官邸秘書室之設置。十一時卅分辭歸，十二時十分到美專街，約芷町來，囑其撰擬訓令稿。一時卅分午餐，小憩至二時卅分起。約陳廣煜醫師來打針。四時往訪張東蓀君，談一小時餘，以坦白態度與之交換意見。五時卅分到中央黨部，出席茶會。與青年黨諸君交換意見，並向哲生傳達委座之意旨。七時歸，與蔚文次長通電話，約道藩來談。夜與四弟來談。十一時卅分寢。

1 月 14 日　星期一　晴　五十二度

八時五十分起。今日紀念週，為陳主計長報告，余以遲起，未及參加。九時卅分到國府，九時五十分入謁委座。十時十分出席國防會第一八一次常會，聽取外交報告，約一小時。麥斯武德報告赴新疆經過及北方人民之痛苦甚詳。討論公司法及大赦案甚久，至十二時卅分始散會歸寓。午餐畢，約芷町來共商發佈新聞之件。今日廢止午睡，至二時卅分始與芷町商定概略。二時三刻到國府，與哲生等談話。三時協商會議開第四次會議，討論政府組織案。世杰、曾琦均有說明，歷時一小時餘。而民主同盟忽然節外生枝，由東蓀、漱溟、鈞儒提出保障人民自由及釋放政治犯與地方政權等問題。力子、屬生及余均有答覆，

最後世杰作總結說明，決定明日再討論。七時散會歸，晚
餐後往謁委座報告，約卅分鐘歸。九時約希聖來談綱領問
題。十時卅分辦修改講詞二篇。閱參訊，十一時寢。

1月15日　星期二　晴　五十二度

八時卅分起。閱希聖所擬「黨的前途之意見」，並
閱中央日報後，即赴國府參加協商會第五次會議。今日討
論施政綱領，張申府、羅隆基、董必武、常乃德等均發表
詳盡之意見。中間休息十五分鐘，與岳軍應東蓀、漱溟之
約交換意見，彼等仍堅持人民自由保障之實行，以為愈快
愈好。休息後，繼續開會，章伯鈞、吳鐵城、黃炎培、邵
從恩等續有發言，最後決定將今日發表意見交小組審查，
並宣佈分組名單。余被指定參加施政綱領組。一時散會，
約屬生來寓午餐，並同閱希聖所擬定建國綱領案。二時道
藩來談，徵詢對於中美日報之意見，要余為創辦人，婉詞
答以考慮。三時向中央黨政小組會議請假，三時一刻小
睡，至五時許起。委座囑約哲生晚餐。旋中央社蕭蔚民
來談。八時到官邸，陪哲生晚餐。餐畢，委座以史大林
見經國之語相告。九時卅分與蔣夫人談話，並修改慰勞
詞。十二時寢。

1月16日　星期三　陰　五十二度

八時卅五分起。閱報及參訊後，九時五分到國府出
席協商會第六次會議。討論軍事問題，首由陳啟夫、梁漱

溪說明軍隊國家化案之提案內容，繼岳軍略有說明後，孫科主席請林次長報告去年年初所決定執行之整軍計劃及現在執行之情況與此後預定之步驟。大致擬於最近六個月內，縮編國軍由二五三師至九十師。關於縮編官兵安插轉業，亦有詳細報告。此實為打銷青年黨與民盟組織編遣委員會及整編計劃委員會之意。但主席未加以運用，已失去意義，而本黨代表力持大方緘默，乃使周恩來大肆宣傳，提出其對於軍事問題十二點之意見。中間曾休息十五分鐘，與雪艇等討論名額（國府委員）之分配。十二時續開會，力子對恩來之言有所駁斥，但太和緩。最後東蓀發言，仍主組織委員會，辦理縮編。散會已在一時後矣。整理文件兼閱參考件後，二時小睡，三時起。四時卅分約乃建、希聖來談，並與道藩通電話。五時同至中央黨部，研究施政綱領之起草。厲、道、乃、希、九均參加。六時卅分到中共代表團赴宴會，由必武、玉章作主人，飯前討論憲章問題，交換意見。岳軍、力子發言最多，哲生作結論。晚餐後又略談半小時。八時卅分歸寓，約孟真來談。旋約希聖、厲生來，共商明日小組會應付之方法，仍囑希聖改擬綱領。十一時卅分諸君散，十二時就寢。

1月17日　星期四　陰　四十八度

八時十五分起（昨夜睡眠極不佳）。九時到美專街十七號，參加施政綱領小組會，到會員十一人，厲生主席。董必武、張申府、黃炎培、常燕生、傅斯年及余均有

發言，余對中共提出案直指為精神尚距離太遠，董必武、
王若飛均有答覆，最後決定各方提書面案，十二時卅分
散。到中央黨部出席八人團談話會，各顧問均到會，交換
意見，至一時餘始散。回寓小睡，但神經緊張而多夢。三
時十五分出席政協會第七次會議，廣泛交換國民大會問題
之意見。發言者絡繹不絕，至七時後始散會。略進晚餐，
覺精神不支，即服藥小憩。至十時後，希聖、芷町來談一
小時，對時局多表憂憤。至十一時五十分入睡。

1月18日　星期五　陰晴　四十八度

　　八時三刻起。盥洗進餐畢，以綱領稿寄請亮公指
正。九時一刻到國府參加協商會第八次會議，繼續討論國
大問題。周恩來、羅隆基、胡政之、王雲五、立夫、鐵
城、厲生均有意見發表，陸定一反駁立夫所言，立夫起而
辨正之。張君勱亦插言，主張注意議事秩序，一場激辯，
仍無結果，憲草問題只得留待明日討論。日來中共與民盟
分子論調愈高，會議前途甚難樂觀。一時許散會，哲生等
授權厲生與余草擬綱領案。委座約往黃山，辭不能往。二
時小憩，至三時起。四時約厲生、希聖、九如來共商綱領
案，其間亮疇來談，提供不少修正之意見。蔣夫人命擬赴
東北之講演詞，不得已只得應允之。七時厲生等根據委座
指示，將綱領草案整理完畢。夜抽暇為蔣夫人擬講演詞，
至一時完畢。即寢。

1 月 19 日　星期六　陰晴　五十度

八時三刻起（昨睡太遲，且睡眠不佳）。校正所擬講演詞（對東北民眾），送蔣夫人。並為準備閉會詞要點，上委座函一件。九時卅分到國府出席政協會第九次會議。孫院長說明五五憲草案後，黃炎培、沈鈞儒、曾琦、吳玉章、胡霖、傅斯年先後發言，黃、沈二人態度最為惡劣，中間休息十五分鐘，以綱領草案送本黨八人傳閱，一時後散會歸寓。午餐畢（今日食上海帶來之醉蟹，味極美），已將二時矣。小睡未熟。三時到十七號出席建國綱領小組會，黃炎培、張申府、王若飛發言最多，傅斯年君態度甚好，最後決定總則四條，與本黨所提出者已略有不同。直至七時始散會，以電話向委座報告今日小組會及大會之情形。晚餐後疲勞實甚。九時芷町來談，對國事前途同深憂慨。十時卅分寢。

1 月 20 日　星期日　陰　五十度

九時一刻起（昨晚睡眠時間較充足）。張子纓君來談，將於數日內赴上海。希聖來，與之談商近日會議情形及今後宣傳應付之方針。今日星期，會議及小組會均停開，藉此稍得休息。皋兒來家，以客來未與詳談。十一時林佛性兄來談憲草等事。十二時午餐畢，閱報小憩，至三時始起。三時卅分董必武、陸定一來訪，談十五分鐘而去。到委座官邸謁見報告，四時卅分到十七號王宅，參加八人小組會議，聽取及交換意見。八時到委座官邸會餐，

本黨代表八人，及亮疇、達詮均到，但孫哲生未到，商會期等事。十時卅分歸，十一時卅分寢。

1月21日　星期一　晴　五十二度

八時五十分起（昨晚睡眠酣足）。未及參加紀念週（今日劉紀文報告審計工作）。九時卅分到國府，九時五十分舉行中央常會。今日出席常委僅十一人，殊覺寂寥。何敬之主席，討論例案五起。繼由鐵城、厲生等報告政協會經過，余為之補充說明，至十一時五十分始散。午餐畢，小睡至二時一刻起。三時到十七號，出席施政綱領小組會，頗有激辯。商定人民權利章三條，六時五十分散會歸寓。果夫來談黨費籌措事、李伯英事及農行事。乃建來談，對於調統局善後問題及其本身職務事。七時三刻莫柳忱（德惠）來，即陪之至官邸會餐。九時一刻歸，約希聖兄來談。整理各種文件。十一時十五分寢。

1月22日　星期二　晴　五十四度

八時起。今日上午無會議，閱各報及參訊，處理文件，並閱六組各件。今日廖承志釋放。十時到聚興村訪傅孟真君，談四十分鐘。旋至四川省銀行訪李幼椿君，談一小時。又至夫子池訪常乃德君，談十五分鐘。十二時卅分到中央黨部，參加八人小組會，決定政協會請政府延期三日，即在彼處午餐。餐畢，略談歸，已二時四十分矣。小憩卅分鐘。三時十分到國府參加施政綱領小組會，為「由

政協會組織人民自由保障委員會」事與王若飛辯論，至一小時以上，最後由張申府提折衷案。又討論外交及僑務兩節，成立修正案，時已七時。為撰擬委座宴會致詞。到政務局，與芷町商談。旋謁委座報告，奉指示後轉告芷町。八時到官邸，陪哲生晚餐，九時卅分歸。希聖來辭行。十一時卅分就寢。

1 月 23 日　星期三　晴暖　五十六度

八時卅分起。政協會會期已滿，而各個問題商討未畢，特由國府再展延三天。上午閱報及參考消息，對施政綱領未討論各節綜合歸併彙列，以便對比。致乃建等一函。十一時三刻九妹、細兒來家，嚴晉亦來，人極文雅，惟身體瘦弱。與之略談後，十二時到中央黨部開八人小組談話會，直至二時四十分始散。回寓小憩，三時到國府舉行施政綱領組第四次會。今日王若飛發言不多，討論教育與救濟兩節，加入若干條文。六時卅分畢，即在會與沫若、孟真、燕生等談話。七時卅分委座宴政協會同人，到三十五人，僅表感慰，未正式致詞。會畢，與岳、力、雪同謁談，九時卅分歸。芷町來談。十二時寢。

1 月 24 日　星期四　陰　五十四度

八時五十分起。閱今日各報及參考消息，與吳部長及朱部長通電話，知沙坪壩在醞釀學潮，係民主同盟所策動，將有游行示威之舉，即以轉告唐乃建兄。十時後研究

「綱領」中各方所提之意見，並考慮委座之開會致詞要點，未得要領。約陳醫來打針。十二時到中央黨部，開八人談話會，鐵城因病感冒未到。午餐後，由雪艇、力子等報告，並稍有討論。二時歸寓小憩。三時到國府參加施政綱領組第五次會，因李燭塵、黃炎培意見甚多，張申府又別有懷抱，故進行甚緩慢，至七時始將財政與經濟一節討論完畢。黨政小組有會議，余只得請假矣。晚餐後與兒輩閒談。十一時就寢。

1月25日　星期五　陰雨　五十六度

八時廿分起。將綱領之政治部分彙綜整理後，即赴國府舉行綱領小組第七次會議。厲生主席，王若飛後到。李燭塵對昨日通過之經濟一章，堅欲增加兩條，雖亦有相當理由，然殊嫌其瑣細而固執，最後決定不列入條文，而作為紀錄。黃炎培對政治一章又非常堅持，甚至主張法官應脫離黨籍一項必須辦到，其卑鄙毒辣之語調，使余不能忍耐，與之激辯，揭其隱衷，並為解釋，最後彼乃撤消其提議。王若飛今日亦故態復萌，多枝節橫生之語，而態度傲慢特甚，嚴詞駁正之。董必武轉為調和，此人尚講理性。討論至一時卅分始畢。並將「前言」決定初稿。今日沙磁區學生三千餘人來渝遊行請願，為要求收回港九，抗議法國橫行，並促政協會成功，要求軍隊國家化，提標語二十四條。自十時至二時卅分始離國府。余與厲生於散會後即至中央黨部，開八人小組會。各組均有報告，決定明

日不開會。三時回寓，與芷町談話。小睡至四時五十分
始起。接乃建與國楨電話，閱六組來文八件，作覆函四
緘。八時到官邸，委座約本黨出席代表晚餐。決定延會至
二十九日，以各組協商未畢，且周恩來要求回延安一次
也。今日委座有焦躁不愉快之象。九時五十分散，約立夫
到寓談今後國事前途，立夫異常憂憤。十一時卅分客去，
十二時寢。

1月26日　星期六　陰雨　五十四度

八時卅分起。閱文件一疊及參考消息等，繼續研究
綱領修改全文之前言部分。十時到國府，參加施政綱領組
第八次會議。通過軍事一章，加入兩條，並通過修改「前
言」，將全文二讀後成立，十一時卅分完畢。其時忽發生
一不愉快之事，即黃炎培之家中被搜查，而民主同盟之辦
事處亦被戶籍警抽查是也。黃氏向小組會報告後，由屬生
陪送至其寓後，始知今日衛戍部檢查行人攜帶無照武器，
而警局亦適於今日舉行戶口抽查，致張申府等之家亦被查
問。衛戍部無知識，憲警不連繫，實屬可嘆。十二時到官
邸，向委座報告。一時卅分參加官邸約集青年團各單位人
員之會餐。委座詢昨日游行經過之事甚詳，並對青年團痛
切勗勉。至三時始回寓小睡，至五時起。與屬生乃建等通
電話。因連日太緊張，以小品文字閱之以自遣煩悶。晚餐
後芷町來商談開會詞內容，十一時卅分去。十二時寢。

1月27日　星期日　陰、微雨　五十四度

九時卅分起。昨夜睡中屢醒，早晨甚感疲勞，故又晏起也。皋兒夫婦來家，憐女昨晚亦來，寓中甚熱鬧。十時閱報及參考件畢，往待帆廬祝張君勱六十壽，以主人不在，留片而歸。張鐵君來訪，適相左也。十一時駐土耳其大使徐叔謨君來訪，談四十分鐘。檢委座照片一幀，託其轉寄駐比金大使。午餐時實之來告，民主同盟有函致協商會及主席。午後小憩，至三時醒，則皋、憐均已歸去矣。漢平、孟海先後來談。五時卅分到十七號舉行本黨八人會談，八時五十分始歸。承命發長春兩電。晚餐後與四弟、望弟略談後就寢。

1月28日　星期一　陰　五十四度

八時卅五分起。閱國防會擬廢止與修改法規之清單，不及參加紀念週。九時三刻往國府，參加國防會一八二次常會及中央常會聯合會。決定：

（一）三月一日召開二中全會；

（二）決定與人民自由之原則抵觸法規分別廢止或
　　　修正。

會議既畢，在座各常委均要求報告政協會情形，由孫哲生作詳盡之報告。厲生、雪艇各有補充說明。正綱、驪先、道藩諸人先後發言，均對政協會之決定有所指斥，獨果夫沉默不言，知其涵養漸進矣。討論至一時卅五分始散。到官邸午餐，稚公、季陶、海濱及各常委均到，席間

總裁一一詢諸人以對於政協會之意見。海濱發言含糊，鼎丞先生簡單而沉痛，稚公長言之殊有至理，季陶、煥章亦略有所言，散席歸已三時矣。約熊醫來打針。五時起，為委座修改開會詞，八時畢。晚芷町來談。十一時冠青來談。十一時寢。

1 月 29 日　星期二　雨　五十三度

　　九時起。盥洗畢，接委員長電話，囑約傅孟真來談。九時二十分到中央黨部，出席八人小組會，對政協會未決之各問題有所磋商。群言囂雜，缺乏秩序，殆各人皆因連日疲勞而缺少自制力之故歟？十一時卅分鐵城、立夫往國大組出席，余等九人仍續談。十二時卅分到官邸午餐，本黨出席代表八人及亮、達、儆寰均參加（雪艇因事未到），談至二時卅分歸寓。小憩，未睡熟，三時三刻起。四時五十分到官邸，參加委座與雪艇談對美問題之談話。五時卅分歸，為委座再度修改開會詞。八時卅分晚餐，餐畢與屬生、立夫通電話，知國民大會事無法協議。芷町來談。十二時寢。

1 月 30 日　星期三　雨　四十九度

　　八時五十分起。氣候轉寒，潮濕特甚，而連日緊張，致筋骨酸痛之症又發。盥洗畢，閱報紙參考消息及六組各件，並照委座意準備政府對協商會萬一失敗時發表之聲明。僅寫一頁，以客來中斷。十二時到中央黨部，出席

八人小組會議。哲生未到，對於國大代表名額問題，以中共變更前議，各黨競相爭持，未能獲得解決辦法。商談至二時五十分始歸。疲極小睡，至四時一刻起。續寫文件，蕭秘書自誠來訪，未暇與談也。六時卅分後覺頭痛，與諸兒女姪輩閒談自遣。蔣夫人貽北平梨子及萍果，剖食甚為甘美。八時委座約哲生等八人會餐，亮疇、達詮亦出席，商談會議各事，至十時卅分始完畢。與驪先、道藩、國楨、鐵城、乃建通電話，直至十二時後始就寢。

1月31日　星期四　雨天、晚微雪　五十度

八時十五分起。昨晚睡尚酣，但多惡夢。九時到官邸謁委座，歸擬文件。十一時偕中大校長吳有訓君往謁委座，交下閉會詞稿，命再修改，加入停止軍事辦法之一段。歸寓後，查閱參考件而補入之。一時卅分修改校繕畢。聞政協會國民大會組分配名額已商有頭緒，大會今日可閉幕云。二時卅分到國府，與亮疇先生等談。三時舉行臨時常會，報告政協會經過及協議內容。鄒魯、正綱、道藩等痛切陳詞，以為中央讓步太多，居、戴、于均未發言，然皆有憂慨之色，最後決定通過，仍送二中全會。五時五十分散會，到委座之休息室修改文字。六時接開政協會第十次大會，對政府組織、綱領、軍事、國大、憲草五分組報告，均一致通過，會議遂於八時卅分閉會。委座致閉會詞，莫柳忱等四人亦致詞，即在國府晚餐。十時一刻歸，疲甚，十一時卅分寢。

2月1日　星期五　陰天、上午微雨　五十度

九時起。昨晚睡至四時，醒而不寐，服藥再睡，故晏起也。十時希聖兄來談此次赴京滬之觀感，並述其對協商會議後國事之觀察，相與討論。十一時卅分芷町來談，十二時希聖去，午餐後芷町再談一小時，論憲法草案事。以九妹與細兒即將乘機東歸，作致五妹、八妹、辟塵各函，交彼等攜去，並函託京滬友人招呼，又為房屋事致馬市長及吳祖楠君各一電。蕭青萍來，未遑接見也。五時偕皓兒、約兒、霸兒回山洞寓所，夜圍爐與家人談笑，至十一時就寢。

2月2日　星期六　晴　五十度　丙戌元旦

八時卅分起。今日為丙戌年元旦，余自茲為五十七歲矣。盥洗畢，食漿板圓子。以天色陰沉，路滑難行，不能到林園散步，乃與皓兒及諸姪閒談消遣。十時卅分周秘書宏濤、馮副侍衛長聖法及黎鐵漢君來賀年，談卅分鐘始去。午刻設奠紀念先二伯母之生誕。午餐畢，小睡直至四時起，則皓兒等已歸渝矣。午後天氣暢晴，到園中閒步久之。今日委員長及夫人宴美第七艦隊司令，外賓到者七、八人。夜閱報，與旦姨、允默商東歸事。十時卅分寢。

2月3日　星期日　晴　五十度

八時卅分起。晴日滿窗，甚覺可樂，惜以著衣太煖，致患傷風，且覺頭痛，想由炭盆之故。皋兒以醫院星

期例假，今日回山寓歸省，同進早餐，食火腿蛋，家人所自煮也。十一時陶副官帶來各報，一一閱之。午餐時積明約同學四人來寓。餐畢，閱積明之文課。小睡至三時許起。與允默出外散步，徘徊梅林下久之。四時卅分偕皋兒同車歸，送之醫院後，即回渝，已五時卅分矣。實之及望弟來談。夜無事，致六弟一長函，又作致志成弟一函，約細兒來談話。至十二時始寢。

2月4日　星期一　陰　五十三度

八時起。玲妹及細兒已於七時起飛赴滬矣。九時到國府，參加紀念週，翁詠霓副院長報告接收敵產處理經過，約一小時而畢。十時十五分舉行中央常會第二十二次會議，吳、戴、果夫、正綱諸委員均缺席，討論二中全會準備提案事。道藩發言激越異常，凡討論一小時餘。余忽覺頭痛發冷，情緒不快。十一時十五分先請退席，歸寓小睡，至二時起，仍覺疲倦也。三時到中央黨部，出席留渝中委談話會，報告協商會議之經過。景瑚、毅敷、青萍、立侯、雷殷等紛紛發言，多責難及沮喪之語，聽之可憂，六時散會即歸。八時委座約哲生等八人晚餐，余亦同往。送呈二十二年事略七、八月各兩冊，席間談政協會後各問題。承交下六月份（下）一冊。十時卅分歸。十二時寢。

2月5日　星期二　陰、夜雨　五十四度

八時五十分起。閱報，約孫兆梅君來談，以事略六

月份下冊面交之。約陳醫來打針。作家書，整理文件。十時蕭化之君來談黨政現狀及明日討論黨政改革案三件。十時五十分楊玉清君來談三民主義半月刊事，約一小時而去。約陳漢平君來談，囑其協助研究，並搜集關於憲草之材料。午餐後疲甚小睡，至二時卅分起。致憐兒一函。三時到中央黨部出席黨政小組會議。鐵城主席，出席諸人觀點各異，討論時發言龐雜，感情激越，凡四小時而畢。回寓晚餐，夜神思極不快。十時卅分就寢。

2月6日　星期三　陰、微雨　五十一度

八時起。昨晚睡眠較酣暢，然精神未復，咳嗽頭痛，且有喉腫。九時卅分往訪于院長右任先生，談本黨前途，並詢其對於川康監察使之意見。十時卅分歸，閱參考消息，並作函數緘。研究乃建、健羣等所擬黨政改革案，其分析至精，而對策部分未切實際，直言余之所見，書兩紙以覆之。十二時委座約黨政小組諸人午餐，僅立夫未到。人多言雜，所報告者多屬枝節與形式問題。余對於基本自由之尊重如何實現，提出數點，促同席諸人注意。一時五十分歸，小睡至三時許起。接委座交核議之宣傳部呈件。芷町來談，頗有外調他職之意，然其對於政治熱情殊未減也。夜聖芬、實之來談。閱雜誌一種。十時卅分寢。

2月7日　星期四　晴　五十三度

八時起。昨晚以喉腫，服阿露芬丸三丸，今日乃連

續水瀉四、五次，可知並非因便秘之故也。九時呼匠來理髮。十時曹翼遠秘書來談，謂在平、在京與鄭彥棻君共事，彼此性格不能相投，或地域不同之故歟？十一時蔣夢麟秘書長來談行政院各事及當前之青年問題，約一小時餘而去。午餐後小睡至四時許始起，徐建候、李叔明、羅佩秋先後來訪，均未晤見也。今日心神甚不怡適，晚餐後八時卅分道藩來談個人出處，有退出政治之意，約談三小時許，余無言慰之，悵悵而已。十一時卅分就浴，十二時卅分即寢。

2月8日　星期五　晴　五十四度

八時卅五分起。昨晚睡眠大不佳，夢境複雜而屢醒，神經不寧，殆因夜深長談所受之刺激太重也。九時卅分陳伯修（長蘅）君來，談國民大會代表事，約半小時而去。致中央通訊社蕭社長一函。十時忽覺頭暈骨痛，精神不支，登床小憩，亦殊未癒。十二時午餐，餐畢服S. AMYT 一丸，再睡至三時卅分醒。覺無聊甚，再睡一小時，僅留連惝恍而已。五時許強起，接細兒來函，又閱公展、滄波之來函。讀小品文自遣。夜希聖來談國際局勢與中國之前途，約二小時。與祖望談歸計。十一時寢。

2月9日　星期六　陰　五十三度

九時許起。林佛性君來訪，談憲草審議事，甚不以政協會之草案為然。談約卅分鐘而去。閱近數日來各方之

件，一一處理之。核覆二月一日吳部長之呈件（二月五日
下午交下），並作簽呈一件（為申、新兩報事）。整理物
件後，十一時到稚公家陪之同至黃山。十二時十五分到雲
岫官邸，季陶、果夫先後同來（立夫因病未到）。一時委
座下樓接談並午餐。餐畢，續談政協會以後各事。委座對
憲草組極關心，叮嚀再四，囑余設法挽回。顧余則何能為
力乎。二時五十分歸桂堂，送果夫至大門後，高臥二小時
許。火爐太熱，以致多夢。研究各件後，七時再謁委座，
報告六、七事。八時一刻陪稚公同餐，經國亦在座。餐
畢，稚公與委座談世局之將來。十時歸室，十一時寢。

2 月 10 日　星期日　陰　五十一度

　　八時卅分起。未幾聞隔室稚公亦已起床矣。略進早
餐後，出而徘徊於桂堂之庭下，與稚公談話。九時卅分以
電話報告委座後，即與稚公同歸渝市。十一時到達美專
街，料理文件。邵毓麟君來談甚久。十二時卅分到官邸會
餐。今日委座特約王、居、孫諸院長及海濱、亮疇、鐵城
商談憲法草案，謂個人向來不表示對憲法意見，但五權憲
法之遺教，決不可有所違越，而建國大綱尤應絕對尊重，
如憲草違背遺教，將可能引起革命。席間對諸人表示極嚴
正而迫切，余默察委座近日疲繁甚矣。二時卅分餐畢，鐵
城留談片刻。三時回寓小睡，約一小時而起。四弟來談，
旋傅孟真君來，詳談分析本黨之缺點，多所針砭。兼及時
局之推測。七時許始去。希聖約晚餐，未赴。夜八時卅分

到官邸一轉歸。乃建、希聖來談甚久。十一時寢。

2月11日　星期一　陰　五十一度

七時五十分起。寫致公展函一緘。為新生活運動紀念事，寫報告一紙。八時卅分道藩來談，陪之至曾家岩，彼今日將隨委座去滬也。九時到官邸謁委座，談黨務及宣傳諸事，對余多所囑咐，一一紀之於手冊。十時到國府，出席國防會一八三次常會。席間蕭、段諸人對中蘇關係及東蒙自治有所質詢，辯論甚久。通過法律案、任免案等十餘起。十二時十五分散會歸寓後，覺疲甚。午餐時吳有訓君來訪，未及見也。小睡至二時三刻起。作函五緘。四時五十分攜憐兒回山洞，購烤紅苕食之。近十日來，疲勞憂慮，神經緊張，不能不休息一天也。夜與家人閒談，未作事。十一時寢。

2月12日　星期二　晴暖　五十四度

八時卅分起。昨晚屢醒，但睡中少夢，心神較寧定多矣。晨餐飲羊乳一杯，食薺菜湯糰。今日天氣晴佳，陽光和煦，到園中散步久之。十時卅分次媳永超歸省，謂將於三日後歸寧其母。十一時與積明通電話，商歸滬轉浙就學事。午餐後小睡，至三時許起。永超、憐兒辭歸。四時閱報，傍晚與默君出外散步，至二號別莊及三號別莊前徘徊久之，念不久即將東歸，對此好環境頗戀戀不置也。今日完全休息，夜與允默閒談，商出處。十一時寢。

2 月 13 日　星期三　陰　五十四度

八時四十分起（昨晚睡未熟，四時後再服藥，始酣睡）。盥洗畢，為委員長二月十日之談話作紀錄。十時十分動身，十一時返渝，即往訪亮疇先生，談憲草審議之事，約一小時歸。閱報及文件。午餐後未及小睡。閱憲草審議會之參考文件。約芷町來談一小時餘，相對慨歎，都無好懷也。四時林佛性來談十分鐘。四時十五分到中央黨部，赴談話會，到哲生、亮疇、力、雪、鐵及余六人，又專家到者戴修駿、林彬、史尚寬、李中襄、周炳琳五人，交換關於審議程序等意見。各人所見懸殊，獨亮公發言較公正。談話至七時始畢，歸寓晚餐。餐畢實之來談，作函三緘，託帶去。項昌權來談。十二時寢。

2 月 14 日　星期四　陰　五十四度

七時卅分起。作函數緘，為皓兒將隨部還都，為之準備各事。又閱憲草審議會文件。九時到國府，出席憲草審議委員會，到委員及專家二十二人（中共到必武、邦憲、恩來、思敬，民盟到君勱、伯鈞二人），討論進行程序，至十一時畢，休息十五分鐘。本黨五人態度亦略有出入，余甚感困難。旋討論國民大會問題，專家發言者甚多。十二時三刻散會歸寓。午餐後疲甚小睡，然神經亢奮，未入睡，至三時卅分始起。唯果自京來訪，長談一小時餘。井塘來訪，談卅分鐘，為代發電報一件。晚餐後對皓、皚兩兒有所指示。閱文件。冠青、希聖先後來談。十

時卅分芷町來談。十二時卅分寢。

2月15日　星期五　陰　五十四度

　　今日為工作極緊張而多忙之一日。清晨八時起，閱報並發致希聖、君章、芷町函。九時出席憲草審議會，仍討論國民大會問題。中共方面認為原則之修改，應由小組協商。君勱、隆基發言，其態度亦甚固執。余對程序曾發言，請就亮疇先生所提：「國民大會仍為有形機關，每兩年集會一次，充實其職權，為聽取政府報告等等」作一假定之結論，以周恩來反對，未通過。蓋周以為在小組協商前，政協會所商定之原則，仍應共守也。羅隆基發言，余駁斥之，謂違反建國大綱之憲草，無法勸國民黨同志接受。直至一時會畢，應雪艇之約，與哲生、力子、亮疇同至兩浮支路外交部官舍午餐。詠霓、公權、經國同在座，討論東北問題及中蘇關係（美國對東北事有照會分致中蘇兩方），均覺局勢嚴重，由雪艇飛京請示。三時十分回寓小睡，不及一小時，即赴中央黨部出席黨政小組會議。健羣、正綱、佛觀對於共軍慘殺張莘夫（接收撫順煤礦專員）事態度異常激昂，余竭力勸阻之，以為十天以內不可輕有言動。又討論零星提案，聽取張市長、方希孔君等對於結束較場口事件之報告。七時始歸寓。八時到亮疇家，與立法院同人商討憲草之事，約一小時餘。十時偕亮疇訪哲生，而哲生對我誤解，有極不合理之語。余為大局計，婉言忍受而說明之。十二時始歸，即就寢。

2 月 16 日　星期六　陰　五十四度

八時卅分起。九時赴國府，參加憲草審議委員會第三次會。今日討論中央改制問題之原則及連帶涉及國民大會問題。各專家發言極踴躍，至十二時卅分主席宣佈散會，並稱彼明日即赴粵，明日以後由王亮疇先生主持。會中主張今日下午三時再開會。余回寓。讀報，見新華日報對東北問題有極荒謬之要求。今日東北旅渝團體為張莘夫被害事游行請願，到二千人。午餐畢，小睡起，電唁葉楚傖先生之喪。改正新運十二週年代電。允默自山洞歸渝。四時出席憲草審議委會第四次會，七時歸。國楨兄來談宣傳事。夜芷町、希聖來談。十一時卅分寢。

2 月 17 日　星期日　晴　五十五度

今晨又早醒，以疲甚，至九時始起。閱報及參考消息，國際形勢日緊，遠東和平又有岌岌不可終日之勢矣。十時卅分到中央圖書館，參加梅迪生先生之公祭，由屬生兄主祭，參加者多學術界中人，任鴻雋代致謝詞。十一時卅分歸，李叔明君來訪，談申報事及中華書局事。一時午餐，餐畢小憩，有極繁雜奇異之夢。三時三刻起，接實之弟來電，即作一函覆之。為南京租屋事，託其再接洽也。整理物件，與允默商家事。決定令明兒赴浙就學。傍晚羅佩秋君來談一小時。夜與望弟閒談。十一時卅分寢。

2月18日　星期一　晴　五十六度

八時卅分起。林佛性君來談憲草事情。谷正鼎君來談陝省黨務，時間已遲，不及參加紀念週。十時十分往國府出席中央常會，討論國民大會問題，意見複雜。又討論廣播事業經費事。至十二時忽覺頭痛發冷，乃先歸寓。午餐後與叔諒談話。小睡至三時起。至國府出席憲草審委會五次會議，亮疇先生主席，討論地方制度。中共態度甚惡劣，至六時五十分始散。王雪艇君今日自京回，言委座三日內尚不能回。晚餐前吳德生來談。夜蕭化之來談甚久。十一時卅分寢。

2月19日　星期二　晴　五十八度

八時四十五分起。閱報知南京復員會議本日結束，想委座一、二日內可歸矣。中樞無主，而要計待決者甚多，興念及此，無限杞憂。余今日痛苦回惶，達於極點。手足發冷，頭痛甚劇，十時卅分再睡，亦未熟。十一時卅分起，作函數緘。十二時卅分午餐。餐畢，不能支坐，又睡，睡而復起。下午中央黨部有會議，憲草審議會亦於三時舉行第六次會，均請假焉。四時後閱公私函件，兼作報告一件，發函三緘。汪荻浪秘書來談，強起見之。旋又就睡半小時。夜約積明來談話，彼明日赴滬也。十時五十分就寢。

感想雜記

　　△古人有言，「無敵國外患者國恒亡」；又曰「殷憂啟聖」，此皆謂有極度之憂患，乃能人人思奮，團結一致之謂也。然返觀我國內近情，只有利用外患以加深其攘奪者，即本黨黨員亦絕少有因黨派地位之變易而起新生之覺悟者。老者漸凋零，壯者漸衰老，而當前之壯盛者則對六、七個月來之演變，絕少正確之反應。有之，唯憤慨而已，怒罵而已，怨望而已，發洩而已。環顧近事，安得不令人杞憂欲絕（季陶之旁觀消極，立夫之意存引退，△公、△君之舍己從人，皆分離削弱之兆也）。

　　△楚傖先生在時，覺其最近三、四年腦力日衰，庸庸無多貢獻；及其逝也，乃常常思之不置，今之忠實平正如彼者，亦鳳毛麟角矣。

　　△中蘇關係緊張，社會震驚，言論龐雜，絕似九一八時景象。散原老人詩曰：「纍卵之危今至此，兩言而決恐皆難」，今又見之。

　　△由訓政渡到憲政，本來一切均不免動盪與不安，余去年春初即預感之矣。然未能想像我黨同志之不深沉如此，亦未能想像共產黨人之毒辣反覆與政客之囂張至此也。二中全會將是一絕大難關，參政會為又一難關，而五五國民大會更不必論矣。

　　△本月初以至今日，余之身體又大衰，而腦力之不堪刺激更甚，健康情形如此，環境又如此，真無以為繼矣。生人之趣亦盡矣。

2月20日　星期三　晴　五十八度

今日氣候晴和，而余手足發冷，骨痛筋酸，且時患頭暈，聞高聲即不堪刺激，蓋神經衰弱矣。八時五十分起床後，十時李唯果兄伉儷來訪，唯果與余談卅分鐘而去。正擬料理全會中準備各事，而邵力子先生來談，因以中止。邵先生對當前時局亦甚憂慨，而其根本觀點，則與我不盡同，蓋彼誠如傅孟真言信「絕對的性善論」者也。十二時客去，蒙被小睡至十二時卅分起午餐。餐畢，再睡至三時後始起。接實之電，知委座去杭，不知明日能歸來否。夜芷町酒後來談，又多刺激之語。十一時卅分寢。

2月21日　星期四　晴暖　五十九度

八時三刻起。昨晚睡眠較充足，但今日精神仍極疲頓，而兩手亦頻頻發冷，即常作頭痛。甚矣，余此次之疲憊也。為李白虹君銓敘事，致賈部長一函。又拍發加爾各答沈宗濂處長一電。聞沙磁區學生明日對東北問題將有愛國之示威游行，此種義憤，出於自然，惟求其不生枝節而已。然國事多艱，乃使青年不能安心就學，滋可痛也。午餐後小睡起，中央黨部有會議，以感冒發冷，不能出門，只得請假。作關於憲草會參加經過及二中全會之觀察報告二件。又對於王秘書長所呈之中政會恢復機構事，送還政務局。夜仍患骨痛。與屬生通電話。十時卅分寢。

感想續記

△近兩日以來，思緒雜亂，痛苦異常，撫今思昔，感慨百端，實無術以自遣也。

△今日情形絕似民國十五年時之廣州時代，而我無十四、五年時之經驗，則何以為黨員。今日國事又絕似民國二十年之時代，而我已無民國二十年時之精力，我將何以為國民。

△今日之黨內，必須互忍相讓，正如今日之國內必須互忍互讓以全其大，然而激昂之氣，如何能進以安詳之言；偏宕之情，又如何可動以惻怛之感。蔣公之艱難可想而知，本黨前途與國事安危又可想而知。

△勝利以後，最使人悲痛者，即死者之志願未酬，生者仍飽嘗流離死亡之慘，芸芸黃冑，何乃多難至此。

△如我之年齡再少十五歲，我之精力尚強盛，則我亦義應奮鬥到底。然我已近六十歲之人，體力本已早衰，近年之疲憊益甚。其乞退乎，何以自解於平生做人之志趣。其強忍奮鬥乎，實已無當年之忍耐力，亦自度無補於國家。如此進退失據，而不能決定一可能之途徑，直是浮沉政海，作官而已。作官豈我之始願乎？

2 月 22 日　星期五　晴暖　六十四度

昨晚以太熱，中夜狂咳甚久，服可待因兩丸後稍止，然神經興奮，思前慮後，不能成眠。自一時三刻至四時許，始沉沉睡去，故今晨醒時已在八時卅分以後矣。九

時起床，盥漱畢，閱報載傅斯年君等為雅爾達協定之宣言。中央日報之評論亦極嚴正而激昂，並登載美報對蘇聯在東北行動之評論。而世界日報之態度尤為激昂。近來一般人對東北問題關心甚切，自東北歸來者，向社會報告見聞，政府方面實亦無不可公開之談判。但因顧慮邦交，故寧主緘默。然此等事情輾轉流傳，感情上相互激盪，尤其新華日報日前之社論，顯然主張東北特殊化，故社會情緒遂乃不可抑制矣。今日沙磁區各大、中學校學生三萬餘，徒步來渝，作愛國遊行，其正式發表之告同胞書，沉痛熱烈，閱之令人感動。然標語口號中，公開揭露反蘇之字句，則勢必授人以柄矣。下午三時到中央黨部，聞新華日報被民眾搗毀，民主報門前亦有紛擾。前者係民眾激於公憤，與學生無涉；而後者則關係與學生發生口角而致，亦未能證實云。四時卅分參加中央召集之政協會本黨代表會議，未有如何決定。六時卅分歸疲甚。夜研究憲草，想念前途，憂思不已。十二時寢。

2月23日　星期六　晴　六十七度

九時起。今日頸項作痛，思慮紛繁，內心仍竟日繁憂而痛苦。作函數緘，旋又毀去之。殆成狂易矣。某種不自決之念，以今日為達於最高潮，然終以希聖來談，而感其誠摯，乃始決心忍苦以觀吾黨之復興耳。今日起居無可紀者。十時乃建來談甚久。十一時聞委座將到，擬午餐後往迎之。芷町來談頗久，又覺勞疲。旋知委座改期明日來

此，乃小睡。睡起後，積鎧今日赴滬，送允默回山洞，余未往臨別，甚有感也。默去以後，整理雜件達三小時。中惠親翁來訪。叔諒、希聖先後來談。十一時就寢。

2 月 24 日　星期日　晴　六十八度

八時卅分起。自昨晚以後，余之觀念略變，知焦慮無益，暫當忍苦工作，不問於國事有無裨益，所謂盡其在我也。九時應鐵城、亮疇之約，到十七號亮疇公館，與雪艇、力子、文白、鼎昌、秉常諸君商談東北問題之對策及對蘇之態度。諸人互相交換意見，大體上均主張以嚴正和平為主。商談至十二時半始散。回寓午餐畢，小睡至二時十分起。二時卅分知委座已抵渝，乃往林園謁晤。因子文報告甚久，余與雪艇在客室候一小時許，旋即進見。雪艇報告近事，余約略報告之。文白亦來謁。五時卅分退歸山寓休息，夜十一時寢。

2 月 25 日　星期一　晴　七十二度

七時卅分起。盥洗畢，至官邸謁委員長，八時卅分同車回渝。到國府參加紀念週，委座對東北問題與學生游行事，致簡要之報告。十時禮成，即在國府禮堂為之紀錄要點，交曹聖芬秘書攜呈核閱。十一時參加國防最高委員會第一八四次常會，議決對於管理外匯及進出口貿易案，又討論組織中國廣播公司案，至十二時卅分完畢。一時回寓午餐，餐畢小睡，未入眠，二時起。聖芬攜核改之要點

來，即與彼同至外交部，與雪艇商酌。四時偕雪艇同至山洞，請示決定後，七時回渝。夜疲甚，頸項作痛。十時卅分寢。

2月26日　星期二　雨　六十三度

五時卅分早醒，疲倦而煩躁，再服藥半丸，睡至九時始起。約陳醫官來打針。與許孝炎君通電話，商宣傳事。閱第六次代表大會議事錄，及一中全會之決議與宣言等各項文件，研究二中全會開會詞之要點。約君章來，商談久之，甚覺難於措詞。至午刻尚無結果。午餐後小睡至二時起。囑君章撰寫初稿，並告以要點。三時到國民政府開會，正值南岸學生為東北問題游行，乃步行至中央黨部，參加黨政小組會議。自三時卅分至七時始畢。實之弟今日自京返渝，來談近事。立夫來晚餐。餐畢，談時局及全會事，約二小時始去。疲甚，十二時就寢。

2月27日　星期三　陰　五十八度

八時卅分起。待傅秉常君未至，或其不識門牌故爽約也。閱君章所擬之開會詞稿，覺其草率不合用。九時三刻後開始改擬。滄波來訪，以事婉謝之。接委座電話，約午刻到山洞一談，因之分心不能安靜撰寫。十時卅分與省吾同往，旋十一時十分到達。先擬要點，以備呈閱。十二時十五分往見，口述請示。委座謂姑先寫一初稿再定。時鐵城亦在座，談較場口及新華日報被毀事。委座責中統局

甚深。一時偕同午餐，餐畢猶申申而詈，知其憤怒深矣。
一時卅分回寓小睡未成眠，神經緊張不寧。三時一刻起，
重行起草，七時猶未畢。允默往訪蔣夫人歸，晚餐後勉強
完成之，實不成文理也。十一時寢。

2 月 28 日　星期四　晴　五十八度

昨晚睡不佳，八時卅分起。取繕就之稿閱之，自覺
毫無氣勢，以時間匆促，只得先行送呈。九時卅分邵慧貞
世姪來訪，與之略談。十時後覺疲甚發冷，就床小睡，一
小時餘起，而午餐仍覺頭痛難忍。餐畢再睡，亦竟矇矓惝
恍，似醒非醒，蓋心緒煩亂極矣。三時與旦姨允默同車來
渝，將山洞房屋託僕人照管。三時卅分到達，閱報甚多感
觸，又服藥小睡一小時而起。今日午後中央臨時常會竟不
能赴會。六時實之弟來談。七時道藩來談。八時卅分到官
邸，與鐵城同謁委座，十時卅分歸。十一時寢。

3月1日　星期五　陰、小雨　五十六度

八時卅分起。盥洗畢，偕君章同往軍委會，出席二中全會。九時一刻舉行開會式，總裁致詞，休息十五分鐘，將演詞略加修正後交發表。旋開預備會議，討論議程，並選舉主席團。于、居、戴、孫、何、白、果、立、陳誠、鄒魯、道藩當選。十一時卅分散會，與岳軍談卅分鐘而歸。一時午餐畢，小睡至三時許起。陳醫官來打針。與實之談話。滄波來談滬事及申、新兩報事。盧永衡、黃旭初、李任仁、王東原先後來訪。六時卅分林佛性君來談憲草事。八時到官邸，與岳軍陪委座同晚餐，餐畢敘談，至十時歸。道藩來談。校改講稿兩篇。十一時卅分寢。

3月2日　星期六　陰　五十四度

八時卅分起。九時出席二中全會第一次會議，于先生主席，為程序問題討論至一小時餘，發言者熱烈而凌雜，似均有對人不滿意之感，此足慮也。休息十五分鐘後，再開會。吳秘書長作黨務報告，其詞甚完美，余忽覺發冷，不耐久坐，十一時三刻先歸。十二時卅分午餐，餐畢與實之略談，小睡兩小時許。三時出席第二次會議，檢討黨政報告。任卓宣、谷正鼎、吳鑄人、胡健中、胡秋原、黃宇人十四同志先後發言，余因病五時卅分先歸。咳嗽加劇，又睡一小時許。夜研究委座接見中委之辦法。精神疲頓，十時就寢。

3月3日　星期日　陰晴　五十六度

八時十分起。九時往軍委會參加二中全會第二次會議。鄒海濱先生主席，由林蔚文次長報告整軍計劃。雷微寰君以政協會報告詞送余斟酌，即為審閱，覺其措詞不妥，請其重撰。道藩示余以黨務改進案及政治改進案草案。十一時覺手足發冷，心緒煩悶，乃先歸。皋兒歸省，見之無限感慨，亦不自覺其所以然也。午後精神極不振，某種之念時來襲於余心，偃臥久之。咳嗽仍劇，寫應酬件兩件。公展、滄波來談，兩小時始去。夜約芷町來談。十一時就寢。

3月4日　星期一　晴　六十度

八時卅分起。九時到軍委會參加二中全會紀念週。總裁致詞勗勉，十時禮畢。接開第三次會議，報告財政金融，余先退，至中央社核發新聞稿後歸寓。午刻約乃建、彥棻、實之、唯果商接待各中委事。午餐後小睡，至二時卅分起。今日午後大會，為經濟及接收情形之報告，余疲甚未出席。約實之來，商量分別接待中委事。整理名單，至六時猶未完。六時十分到大會主席團休憩室參加小組會，為政協會議事。與亮疇先生同歸。夜希聖來談。余精神委頓，聽其談話，竟有神情不屬之狀。道藩亦來談一小時以上，勉強酬對之。十一時卅分寢。

3月5日　星期二　陰晴　六十度

十時始起。連日精神疲頓，頭暈腦痛，手足發冷，稍聞強烈之聲，或在多人集會之所，即不能久耐，而室內亦不能受強烈之燈光，蓋神經脆弱甚矣。今日起床後一小時內精神尚佳，但忽又發冷頭痛，不能支坐，對於大會只得請假不去。而午刻委座官邸約主席團午餐，亦只得請病假矣。中、晚兩餐均食而不知其味。上午健中來電話，未接談。下午乃建、滄波諸兄及客人三、四人來訪，亦均以病未見。如此荏弱多病，愈病則愈懶散，愈耽於孤獨。然人總不能離群，余如此疏懶，人則何能相諒，恐無形中開罪於人者必不在少也。今日午後聞宣言起草委會又列入余名，又知委座對憲草有指示。三時以後勉強振作精神，將紀念週之講詞紀錄修改之。腦疲不能用思慮，對憲草一段，尤難著筆，不敢多所刪節，草草完成之，即送聖芬、唐縱兩同志轉呈焉。全會對財政經濟報告及外交報告質詢峻烈，多對人攻擊之語，此在平常國家之國會亦所常見，然在黨的會議中，則此次當為第一次。夜坐燈下，憂來襲心，不能自抑。自念此身已不能為群服務，更無法自贍其家，茫茫前途，不堪著想。十一時寢。

3月6日　星期三　陰　五十九度

九時卅分起。昨晚仍患失眠，今日精神不舒，情緒憂鬱。陶副官勸我打針，余以為不必，蓋日來事事厭煩也。身體上亦別無異象，惟手足發冷，頭痛不止，故竟日

未出門，大會亦未出席。中午亮疇先生約會談，請假未
往。委座約梁寒操同志等敘餐，命余作陪，竟亦因臥病未
往也。午餐小睡至三時許起。啜粥兩盌。芷町兄來談，勸
我一切寬懷，甚感其意，然憂來無端，終難自抑耳。夜十
時卅分寢。

3月7日　星期四　晴　六十二度

昨晚中宵屢醒，今晨七時三刻即起。閱報及大會之
提案。九時往軍委會出席第八次會議，戴主席，由孫哲生
報告政協會情形，歷時一小時餘。旋休息十分鐘，再開
會，溥泉先生等四同志發言，對政協會多抨擊之語，然皆
出於愛國愛黨之誠意，非別有用心也。十二時卅分散會歸
寓午餐，餐畢小睡，至二時起。二時卅分往列主席團會
議，聽取關於宣言之意見。三時繼續開會，正鼎、宇人、
正綱、卓宣等先後發言，所言均極有理，但不無偏激耳。
五時又覺身體不支，乃先歸。小睡至六時起。實之來談。
夜十一時寢。

感想續記

△二月十九日所記之感想，僅記其片段，此兩星期
以來，焦憂痛苦，仍不斷來襲於余心，衰老之年，何以
堪此！

△余幼體孱弱，十歲以前即多病，少時復不知保
養，先伯兄嘗恐余不能永年。乃荏苒歲時，已達五十以

上。然生性多憂，耽空想而不勇於行，諸事敏感過甚，不堪稍受刺激，又好為求全責備之思，不但期望於人者太多，即自責自譴之念亦過重，此皆精神不健全之徵，明知之而故犯之。昔人所謂五十而知天命者，余乃毫無養生鑄性之工夫。日坐愁城，作繭自縛。自卅三年以來，常自覺毫無生存之樂趣，諡為大愚，不亦宜乎！

△以余之個性，實只宜作鄉里之散人，或藉教讀以自給，乃因少時不知自量，好為文字議論時事，自受知於蔣公，竟忘其愚陋，許效馳驅。然個性對於複雜紛紜之政治環境，實絕對不相適，勉勉追隨，竟使此身受精神上之折磨而日衰日憊至此。信乎擇業之宜慎也！今日以後，國家民族之處境日益艱危，而個人經濟及家庭前途更不堪設想，進退都無是處，強忍亦已無餘力，苟且偷生，又不能冥然無感，局天脊地，皆所自造，命也夫！

3月8日　星期五　晴　五十八度

八時起。就本屆宣言酌擬措詞之要點，約一千餘字。十時繕寫完畢，十時卅分往會場出席宣言起草委員會，到者十四人。已商談將半，余起而宣讀所擬之要點，各人謂意見大致相同，旋以志希提議，此次用白話寫，以一新耳目，余殊不謂然，但多數均贊成其說，最後決定推余及公展、寒操、滄波五人負責寫初稿。志希銳意字任，余欲均默起草，而均默以事冗辭，乃囑滄波亦另寫一稿。十二時散會歸寓。午餐後作函數緘，小睡二小時餘。今日

精神仍不佳。夜芷町來談甚久。十一時四十分就寢。

3月9日　星期六　晴　五十六度

九時卅分起。十一時程滄波兄來談，已起草一宣言初稿，殊佩其敏捷。略閱而暫置之。滄波與余談申報、新聞報事，並商股權代表之人選。午餐後始去。一時小睡至二時起。將滄波之初稿修改補充，交省吾複寫。六時到大會會場，聽地方行政之報告。七時散會，與哲生、力子、岳軍、雪艇等同在軍委會晚餐。對政協會及憲草審議等事商談，並交換意見。八時到中央黨部，出席政治協商會議問題審查委員會，張知本君主席，發言者十五、六人，至十一時卅分始畢。十二時歸，即寢。

3月10日　星期日　陰雨　五十六度

九時起。知旦文姨氏已於今晨飛京矣。今日在青年館公祭楚傖先生等，余以疲乏未往。十時卅分約寒操、志希、公展、滄波來寓，商洽宣言起草事。羅君擬一語體文之稿，與程稿對照之，大同而小異。寒操以為羅稿不似宣言格式，但羅不服其言，最後決定留公展助余修正之。今日皋兒夫婦來，余竟未暇與談也。午餐後請公展兄先改羅稿，又酌改程稿。四時後又由余細加彙閱，六時卅分完畢。希聖來談，相對都無好懷。夜招憐兒來談，與之詳言近日之心境。又與默君談。至十時卅分寢。

3月11日　星期一　陰　五十七度

八時卅分起。委座自山洞來電話，詢余身體狀況，余健康未復，只得直告之。九時到大會會場謁委座，以羅、程兩種宣言稿留呈核閱。九時十分參加紀念週，委座有極長之演詞，對各中委戒以勿意氣用事，勿喪失自信與互信，不宜誇張，亦不可憤慨，約歷一小時始畢。余為擬發新聞稿後，即歸寓，已十一時矣。處理私人函件數件。午餐畢與望弟及默君談回京住宅問題。旋張道藩兄來談一小時餘。小睡至四時許起。就羅君之宣言初稿為之詳細修改，七時卅分始畢。夜十一時就寢。

3月12日　星期二　陰　六十二度

八時卅分起。今全會舉行總理逝世紀念，余以有事未參加。十時卅分約寒操、公展、志希、滄波等在余寓開宣言起草小組會，就昨晚所改定之宣言稿再加商酌，並由志希另加邊疆一段。十一時卅分聖芬來談，為口授要點，發表總裁上午在全會講詞之概略。十二時寒操、公展先去，志希、滄波留談，至午後二時始去。小睡至四時許起，七時到交通銀行晚餐。到國楨、孝炎、唯果、攻芸、叔明諸君（係公展、滄波所約，商談申報、新聞報事）。九時到軍委會，參加政協報告審查會，十一時卅分歸。十二時寢。

3月13日　星期三　晴　六十四度

　　八時卅分起。九時應委座之約往官邸謁談，約二十五分鐘而歸。十一時到軍委會，參加宣言起草委員會，由孫哲生主席，到委員十一人，商定初稿通過，即在彼處午餐。秋原亦來敘餐。二時始歸，芷町來談。小睡不入眠，神經緊張，心緒又覺紛亂。四時起修改講詞紀錄一篇，實之弟來談。今日六時有審查會，余未暇赴會也。乃建來談一小時。八時到官邸陪主席團晚餐，達詮、岳軍、彥棻、雪艇均參加，商明後日全會進行之程序及選舉方法等。戴、居兩先生有懇切之說明。十一時歸，十二時寢。

3月14日　星期四　陰　六十度

　　昨晚服 Ste. 二丸，此為最有效之藥劑，但僅睡四小時即醒。以後矇矓惝恍，且睡中多夢，凌晨乃復入睡，至八時五十分始起。九時卅分往謁委座，對會內外各種問題有所指示，囑余分別接洽。歸寓後即致胡健中兄一函。十時卅分到會場，出席二中全會十五次會議，與謝冠生及陳立夫、吳鐵城三君談話。旋至主席團，請其核閱宣言稿，未蒙決定。十二時卅分接委座電話，約吳國楨部長來寓，商宣傳事。二時午餐，餐畢小睡未熟。精神鬱伊，心緒紛雜，對自身之體力全失自信矣。改講稿一篇。夜希聖兄來談。與默談。十一時寢。

3月15日　星期五　陰　六十二度

　　九時起。委座以電話詢余病況，謂可出門否，乃至官邸往謁，承交下轉知辦理事多件，回寓後即分別辦發之。今日未赴全會，但慨念身世，憂吾國之危，吾黨之弱，悵恨萬端，終不能自遣於懷耳。咳嗽久不止，將成宿疾。此次患咳已兩月以上，近日白天不咳，而中夜必狂咳不止，致損睡眠，而安眠藥服量日增矣。今日有客來，亦無暇見之。宣言草稿主席團略有修改，尚不知委座意見如何。七時往謁，乃委座以為「此稿重點，應重加修正，即為重閱」指示交下。八時晚餐畢，強支病軀，就原稿修改，費三小時而畢。十二時寢。

3月16日　星期六　晴　六十八度

　　八時三刻起。實之來電話，即至會場參加大會。委座親臨主持，對政協會報告及東北問題均有所說明，於是審查報告乃得分別通過。休息時交下宣言，謂經此修改，乃可示讀者以要旨所在矣。繼續開會至十二時三刻始歸。午後小睡未熟，頭痛神疲，本擬不去出席，嗣委座以電話來詢，三時卅分到會場，命余即擬處理東北問題之方針。時迫而題旨極大，措詞至難。五時餘勉成一稿，攜呈委座核閱。七時蔣夫人在座，見余扶病工作，力勸早日回滬。七時退，與鐵城、岳軍、立夫、厲生、雪艇談，僉以為東北問題此時以不表示為宜。回寓晚餐畢，往謁委座，告此意，即蒙採納，但又命擬閉會詞。歸而工作，

至十二時寢。

3月17日　星期日　晴　六十五度

　　午前九時到軍委會會場，參加二中全會第十九次會。休息時，謁委座修改昨晚所擬之閉會詞。旋又開會，討論宣言時，哲生不到，余亦不欲說明，時已二時許，而黃宇人發言批評，雜以譏嘲之語，余聞而忍之。及休息時，不論如何終不能抑止此半月來之悲憤，發言憤激，不禁淚下，在舉行閉幕禮畢，猶流淚不止。諸同志強勸余回。季陶同車伴余回寓。午餐畢，送客出門，已三時矣。頭痛異常，小睡至六時起。蔣夫人來寓，對余之精神痛苦，特加勸慰，談一小時去。晚餐後希聖來談。芷町、道藩來談。十一時寢。

3月18日　星期一　陰、下午雨　六十二度

　　九時起。以蔣夫人之勸，決定與允默先返滬，以期作一個月之休養。然病體如此，異日之國難勞苦未必遂能擺脫耳。午前修正曹翼達君所擬之參政會開會詞，費二小時之時間。午餐後，整理物件，僅小睡一小時餘，精神仍極沉鬱而煩悶。乃建兄來談甚久。彼對前途尚樂觀，青年人之心境自是不同。四時以開會詞呈上。五時卅分約曹聖芬君來談，彼聞余將提先東歸，甚依依不捨。夜囑憐兒助余整理雜件，觀舊日所存函札，徒增感慨。十一時就寢。

3月19日　星期二　雨　五十三度

九時起。其實七時即早醒也。今日氣候轉寒，甚覺不舒。十時到官邸謁委座，對東歸之事有所報告。並為十七日會場中之發言失次，面述引咎之意。委座溫語慰之。十時卅分歸，李唯果伉儷來訪，唯果與余談，不擬在中央工作，意在作駐外使節。唯果去後，上蔣夫人一英文函。午餐後小睡至二時起。寫報告一件呈上，為申、新兩報事也。蔣夫人來電話，吳部長國楨亦來電話。閱新華日報社論，為之氣憤不置。俞欽今夜來談。夜祖望置酒敘餐，余雖勉盡一杯，然滴滴心中苦，無人能知之耳。芷町來談約三小時。疲甚十二時寢。

3月20日　星期三　雨　五十四度

九時卅分起。今日參政會舉行四屆二次大會，余因病未出席。午刻委座約本黨政協代表午餐，亦未及赴。竟日在寓，與憐兒整理書籍文件，一一裝入箱內。時間匆促，亦不及仔細檢點，僅為錄其要目而已。皋兒午刻來家。邀陳醫官廣煜來打針。作函數緘。雙手仍患顫抖，兩目亦模糊，可見積疲之深矣。午後希聖來談一小時。傍晚孟海來話別，友情可感。夜諸友備川菜為余餞別，我心實甚歉疚。聖芬來，為修改委座開會詞。夜希聖、道藩、乃建來談。芷町亦來談甚久。十二時寢。

3月21日　星期四　陰雨　五十四度

九時起。上午仍繼續整理衣物。憐兒助余整理，至下午四時乃回校。臨別時殊有依戀之感。余未能挈其同行，亦甚感耿耿於心也。近三日內專為料理歸計，有賓客來，均婉謝之，然此心仍不能寧謐，則以身在陪都，耳目所接，未能一概置之不聞不問耳。傍晚閱雜誌一冊，頗念委座近日之起居。旋聞其今日晚間擬赴黃山過宿，則其心緒甚繁，又可想見矣。余手顫之患近日又加劇，兩目昏眊而枯燥。晚餐實之來談。夜與文白通電話，未接談。十時十五分就睡。

3月22日　星期五　晴　五十七度

九時起。今日事稍閒，而心緒准為繁複，手顫目昏之狀況仍如昨日，痛苦特甚。閱各報所載消息，國際風雲之激盪，我國處境之艱危日甚一日。中共報紙連日猖猖反噬，變本加厲，其將有新行動歟？抑故意作態以刺激國人歟？甚出政協會當時意計之外。參政會開會已三日，障礙重重。委座之憂勞可知，而余乃屏居謝客，獨坐幽憂，亦殊無以自解也。君章結束書籍之整理，忙亂而無條理，甚為失望。下午希聖來談兩小時。修改對青年團幹部訓話一篇。夜與允默談話。十一時卅分寢。

3月23日　星期六　六十三度

七時醒，七時卅分起。今日天氣晴暖，余精神頗覺

爽適，心胸亦較開朗，與昨日情形完全不同矣。十時卅分
約公展來談，以委座批定之報館件面交之。冠青來談一刻
鐘，芷町來談半小時。十二時卅分到官邸，一時卅分委座
接見，囑余休養身體。與陳公洽君同進午餐。二時卅分出
至宏濤秘書處一轉，即歸寓小睡，至三時卅分起。約李叔
明君來談，以農行款事託之。張文白兄來談。旋道藩來談
甚久。希聖來談。作函數緘。擬明日離渝東歸矣。傍晚約
省吾來談。夜結束各事。十一時就寢。

3月24日　星期日　晴　六十度

七時卅分起。憐兒來送行。八時早餐畢，即與允默
同赴九龍坡機場，經國兄夫婦亦同至機場送行。九時卅分
與蔣夫人同乘美齡號起飛。自二十七年十二月七日入蜀以
來，為時七年以上，今得東歸，對此山城，轉有依依不捨
之感也。途中大霧瀰漫，愈東行而氣候愈寒，過太湖時略
見陽光，三時卅分到龍華機場（上海時間四時卅分），六
弟及良英甥來迎，即乘六弟之車至其白賽仲路寓所小住。
家人咸集，與八妹相見，悲喜交集。晚餐共十二人，甚熱
鬧。夜滄波來談。九時錢大鈞來訪。十一時卅分寢。

3月25日　星期一　雨、甚寒　四十八度

昨晚睡眠不佳，三時醒後心甚煩躁，再服藥又睡，
至十時卅分起。市府總務處長施邦瑞來見，以其佈置毫不
負責，殊厭惡之。十一時卅分到惇信路一四七號視察新

寓，平玖甥女備饌相餉。孫吟月、嘯月女士來訪。餐畢小睡，至二時起。志誠、季剛兩弟來訪。四時仍回六弟寓所。旋聞潤卿先生訪我於惇信路，適相左也。鶴皋兄偕馮伯準來訪，彬史、伯楨、丕華、叔眉、孤帆來談，一小時餘去。晚餐時六弟外出，餐畢，都良甥及葉秋原君來談，十一時去。十二時寢。

3月26日　星期二　雨　四十九度

九時卅分起。昨晚睡眠仍不甚佳，今日精神平常。十時卅分秉琳攜其長女儀弼來訪，握手勞問，話舊甚懽。旋慶蕃、箕傳及任秉道世兄來訪，報告五和廠諸事。秉道，士剛之子也，士剛以病於一週前病故，幸繼起有人。回想二十年前創始五和，拮据經營，皆吾師生五人之力，今廠事幸能延續舊規，然余之資金已渺乎不足數矣。貞柯、養生兩同學來訪，貞柯體魄轉健，氣色豐盈，殊為可慰。十二時卅分偕兩君同至天孫之寓午餐，餐畢暢談，至三時卅分歸寓。天雨不止，氣候陰寒，以新寓佈置未完竣，決仍在白賽仲路暫住。夜曼晷來訪，談一小時。十一時就寢。

3月27日　星期三　大雷雨、甚寒　四十八度

九時卅分起。任秉道君來訪，假余汽車一輛，以備在滬時使用。五和今晚開董事會，余簽名而未能與會也。十時卅分擬往仁濟醫院檢查身體，中途遇大雷雨，心緒甚

惡，遂不果往。折回寓所，與允默談房屋事，及今後住居
問題。不意抗戰八年，而余等東歸之日，乃至京滬兩地都
無住居之所。上海拜金之風更甚，新起之投機商勢焰逼
人，而南京房屋亦毫無基礎，可為一喟。午餐後小睡一小
時即起，情緒仍極不怡。八妹挈甥女過訪，手足之情固難
自已，然甥女毫無愧怍之意，則可歎耳。夜與八妹、六弟
同餐，九時三刻去。十一時就寢。

3月28日　星期四　雨、下午晴　五十四度

八時卅分起。今日心緒仍抑鬱，煩悶異常。收拾行
李，擬至惇信路新居小住，以六弟堅留，乃止。十一時卅
分公展、滄波兩兄來談報館事，余心惡諸事，告以徐徐云
爾。同至邁爾西愛路訪月笙，正在臥病，在其臥室內敘談
半小時而回白賽仲路六弟寓。午餐後與公展、滄波談時
局，彼等之感覺似極淡漠而輕鬆，余殊認為可異。三時公
展等去，乃偃臥至四時起。閱小型雜誌數種，上海真地獄
世界也。到惇信路一視居屋。偕志成、秋陽回寓晚餐，十
時寢。

3月29日　星期五　晴　五十八度

八時卅分起。到滬已六日，而身體與心理上之病態
乃較之在渝時為更劣。自昨日起，又增加胃不消化及腹部
漲悶之病象。但今日為黃花崗革命紀念節，家屬及親戚後
輩來訪者甚多。午前辟塵夫婦攜元發重孫、湘紋甥女及良

英甥來訪。午後志飛、志騫兩內姪及學純、學結兩姪來
訪，昔年猶是卯角，今皆長大成人矣。秉琳亦來談久之，
相對各有牢愁之語。蔣夫人以電話囑人來問疾。傍晚六時
遷入惇信路一四七號暫住。夜料理旦姨明日返里事。明兒
伴同歸去。十一時寢。

3月30日　星期六　晴　六十三度

七時卅分醒，八時起。視察新居四周環境，尚屬空
曠清靜，然蚊蠅眾多，其不適合於夏令衛生無疑也。今日
余心緒仍鬱結不舒，到滬後所見所聞頗多刺激，故畏見賓
客更甚於在渝時，亦不忍出外訪友，此種心理病態，誠不
自知其原因所在也。午刻六弟來視余，並指點寓所各事，
午餐後去。余就床小睡，至三時卅分起。朱仰高醫師來診
疾，視余脈搏氣色，亦不能說明我之病原，但謂宜斷然減
少安眠藥而已。朱醫去後，秋陽來訪，允默代見之。余無
聊甚，復就床小睡。近日真頹衰徬徨不堪名狀也。夜與五
兒、樂兒談話。十時卅分就寢。

3月31日　星期日　晴　六十五度

七時卅分起。閱上海各報之評論，甚覺無可當意
者。與樂兒閒談，詢其學業志趣，乃謂願入哲學系，其見
解奇特可異，然實未成熟也。玉書來訪，老友相見，彌覺
可親，談四十分鐘而去。六弟亦來談，同進午餐後，與之
同往文林路訪陳景韓君。陳君方外出散步於公園，其夫人

白髮盈顛，而康健逾恒。囑余略坐，即覓景韓歸來。景韓
對余談二十七年別後之事，其自述人生觀，意在對余針
砭。此君語妙天下，洵亦罕見也。談一小時半出。至海寧
路及寧波路訪秦潤卿先生，均不值，乃即歸寓。良英夫婦
來訪，六時去。夜讀大哥遺詩以自遣。十一時就寢。

4月1日　星期一　陰　六十二度

七時醒，七時卅分起。昨晚服仰高所製之藥片（謂可以代舶來之安眠劑），竟亦能熟睡，知神經狀態漸復正常矣。九時三刻偕默同至四川路中企大樓，訪徐俊民牙醫師，囑其補牙。徐醫至十時三刻始來，診視製型後，十二時到北蘇州路仁濟醫院配安眠藥，略坐即歸。仰高事忙，未及見也。一時午餐，餐畢小睡，至三時起。與默君談論身世，並商今後之出處。傍晚偕默外出，至凱旋路散步，一小時許而歸。新居環境不潔，殊覺悵悵。晚餐後呈委座一電，又發杭州周市長一電，均託永甥代發。閒談至十一時寢。

4月2日　星期二　晴　六十六度

七時卅分起。今日心緒略佳，擬外出訪友。九時卅分到赫德路春平坊訪董廉三仉儷不值，即至赫德路擇鄰處訪陳陶遺君，年六十有六矣，患氣喘咯血之症，然氣體殊健，與之談約兩小時，詢余近年工作經過，暢談抗戰起後之時局及中樞今後之決策。此君余弱冠時之舊交也，故無話不談，然余窺其意向，似於國際潮流深有感觸者。海上一般有識者，大抵均如此爾。允默往訪志成弟夫婦，十二時以車來迓，即同歸。午餐時澤永等又來訪。餐畢小睡，秋陽來談甚久。午後未作他事，完全休息。夜十時卅分寢。

4月3日　星期三　陰雨　六十八度

八時起。十時到徐俊民醫師處治牙，取型以後，即將上顎之假齒繳其重製。徐君謂一定能使君合適也。旋至仁濟醫院，以X光檢查身體，並與仰高談一小時許。繼復至望平街又新里訪柳又青表兄，值其外出未歸，遂回寓，則四弟已自家中來滬矣。家珍宗弟約同來訪，談官橋宗族諸人情況。六弟亦來談，午餐後二時始去。三時到善鐘路一三三號周景文醫師處治眼疾，以紫光照余兩眼久之，並為塗擦DIONIN藥膏，頗覺刺痛。七時應蔣夫人之約晚餐，與默同往，陳紀彝女士同餐，八時歸。閱商報時代之論文。明兒自慈谿歸，談至深夜始寢。

4月4日　星期四　晴、驟熱　七十六度

六時卅分即醒，醒而復睡，至九時許起。讀書一、二冊，覺精神疲滯，而兩眼作痛。十一時再睡，並服IPR一丸，酣睡中，聞仰高醫師來，又聞四弟亦來訪，然殊無精神起而與之酬對也。如是矇曨直至二時許始起。略進食後，仍翻閱三年在商報與時事新報之評論以自遣。四時董廉三君來訪，談一小時餘去。蓋已十年不見矣。魏敦威學弟來訪，囑余作保人（將仍在中央銀行執業並擬赴台灣），余為簽署保證信而交還之。以仲車師之故，不能卻也。善卿姪女來談。余今日見允默亦甚辛苦，頗以其健康為憂。細兒來家，與談久之。鎧、樂亦來。夜十一時卅分寢。

4月5日　星期五　陰、轉寒　六十六度

八時卅分起。今日天氣突然轉寒，溫度較昨日低十度以上，如此寒燠不定，又甚似重慶天氣也。十時十分攜細兒、明兒外出，細兒往訪其友林叔肩，先送之拉都路，然後至徐俊民醫師處補牙。十一時卅分與明兒至寧波路購自行車一輛歸。六弟來談申、新兩報事，知前途困難尚多。今日清明節，約八妹等來寓午餐，余觀甥女毫無愧怍之意，殊覺可訝。午餐畢，已二時卅分，倦甚小睡，至四時起。送八妹回寓後，即至周景文醫師處治目疾。六時歸，任秉道世兄來訪。晚餐後與細兒、明兒、樂兒等談話。十一時就寢。

4月6日　星期六　晴　六十五度

七時醒，八時起。近日服仰高所配之藥水與M藥丸，睡眠尚適，惟中宵屢醒耳。鬱結煩躁之情緒已自然消除。今日得委員長覆電，勗以專心靜養。倘能有一個月以上之餘閒，余之所患或能稍瘳歟？上午公展、滄波來訪，六弟訓念亦同來，商談申報、新聞報事。史詠賡又變卦，疑其背後有指使者。午餐後客去，閱前年在商報、時事新報所撰之文稿甚久。三時覺疲勞，小睡一小時餘。朱仰高醫師再來診，謂余健康多矣。注射PERCO及PERAN各一針。貞柯、志成來談，晚餐後九時別去。與默閒談，十一時寢。

4月7日　星期日　陰晴　六十度

八時起。今日為星期日，故未能就醫，然自覺兩目刺痛已稍癒，惟視覺模糊，不能辨認，則更甚於前耳。良英甥挈其子紹曾來訪。志成伉儷攜學綜內姪來訪，志成弟為余談外舅、外姑臨歿時之情形，不禁淒然興感。十一時更生兄來訪，談積年闊別之情形，並與討論滬上社會問題，談一小時餘而去。午餐後與志成略談後，就睡二小時餘起。談舊日論文以自遣。接實之弟來書，告陪都近狀，讀之頗念諸友之勞苦。傍晚趙祖康君夫婦來訪。夜毓麟來訪。與秋陽談甚久，九時五十分去。十時卅分寢。

4月8日　星期一　晴　五十八度

八時卅分起。閱滬上各報，覺大公報論調之偏宕猶甚於重慶版，而申、新兩報則尚能依國策以立言，惜其技術不夠耳。今日目疾仍未癒，上午未用藥，故刺痛之感已稍減矣。六弟來談申報館事，史詠賡仍留杭州未歸，不知係何用意。九妹來談赴杭州游覽之經過。午餐後小睡至三時許起，閱友人函札數緘及申報摘抄之十六年材料。四時往善鐘路訪周景文眼科醫師，商治療之方。據彼所言，似將曠日持久，不免心煩，改授余以另一種塗目之油膏。五時卅分歸，萬斯甥婿來訪。夜秋陽來，作函數緘，囑其赴南京一行。十時卅分寢。

4月9日　星期二　晴　六十度

八時起。今日心地稍覺寬閒，蓋南京之房屋等事已有人去催促，當不致無著落也。天晴而多風，仍須御棉衣乃暖。江南季節殊不應有此。十時到徐俊民醫師處補牙，彼為余新製上顎假牙一副，修整剔刮後，授余試用之。出至新閘路成都路志成弟處一轉而歸。午餐後小睡一小時半而醒。仰高來訪，以允默之所患告知，彼謂驗血液結果甚好，惟血壓略高耳。對余目疾，以為應多用維他命甲補劑。四時族叔張海來訪，族弟楚綏及妹杏春（名月蘭）亦同來。海叔為述抗戰期我官橋村情形極詳，談兩小時而去。夜無事，十一時就寢。

4月10日　星期三　雨、下午霽　六十度

九時許始起。昨晚以目痛及週身細瘰作痛，睡眠甚受影響。今晨起床後，似覺頭暈未睡足也。閱報載，渝新華日報轉刊解放日報論文，共黨稱亂之跡日彰矣。十時到徐俊民醫師處修補新牙，徐君謂安龍章所補之下顎假牙不必重製，至十一時卅分事畢歸寓。箕傳、秉道兩君來訪，談五和廠事，至十二時卅分別去。午餐後小睡一小時餘起，得約兒、霸兒兩姪之來函。傍晚貞柯、仲肩、志成來訪，貞柯、仲肩為余道孤島上海時之情況，留晚餐後去。澤宏甥來。旋李叔明君來談良久而去。十一時就寢。

4月11日　星期四　晴　六十二度

八時五十分起。連日睡眠終不甚酣暢，中宵屢醒，豈新藥效力薄弱之故歟？午前取申報館摘錄之民十六年大事記觀之，由四月份閱至十二月份，當日國民革命軍初達長江流域時之情況，歷歷在目，今不覺已隔二十年許矣。待秋陽不至，而望弟無繼續消息，不知其昨晚到京後接洽房屋如何耳。午餐後小睡一小時餘起。建尾侄、汲青侄女來訪。建尾談大哥臨歿情形及大嫂播遷病逝之苦況，堪為酸鼻。建尾今年三十一歲，與皓兒同年，然竟能於亂離中將母回家，其敏幹亦有足多者。四時五十分兩侄別去。六時朱藻青老同學來談，約一小時去。夜讀唐人詩自遣，與默閒談。十時卅五分就寢。

4月12日　星期五　晴　六十六度

昨晚睡眠極不佳，一時後始入睡，至四時即醒，煩躁不止，再服藥又睡，至九時卅分起，仍覺頭腦暈重，可知安眠劑之不易除也。閱報載東北形勢更緊，而重慶諸人仍在繼續舉行政協會之商談，想見諸友之苦痛。接希聖來函，知其亟思回都，而機座無著，頗復念之。午餐後小睡一小時許即起。六弟來談甚久。四時卅分偕默同至善鐘路謁周景文醫師，再治目疾。周君謂姑待三日再決定用手術與否。五時卅分回寓，仰高為余注射 REDOX 及 PERAN 各一針。六時卅分慶蕃、箕傳、秉道來訪，八時去。九時李叔明君來訪。夜十一時就寢。

4月13日　星期六　晴、下午陰、有風　六十度

　　八時卅分寢。昨晚睡眠頗暢適，想係注射REDOX之效。醫謂 Vitamin C 可為安眠劑，或有驗也。今日上午天時晴和，身心甚覺怡適。閱報知委座已自筑返渝，意者不日即將來京矣。余休養已滿二十日，而目疾未痊，精神亦不佳，此時殊不欲伋伋去京，最好待月底始成行耳。午餐後劉百閔、趙棣華、陳肖賜三君來訪，談文化服務社事，約卅分鐘。客去後小睡起，天時轉寒，有大風。四時志成弟及學緯侄來訪，談及仲未弟，頗復念之。夜無事，翻閱舊作評論，覺筆墨思想均無可取。十一時四十分就寢。

4月14日　星期日　陰　六十二度

　　昨晚睡極不佳，屢醒而少眠，七時卅分後煩躁異常，八時乃強起。頭涔涔作痛，實未睡足也。祖望自南京來，君章亦同來，與彼等談一小時餘。至十時許頗覺不能支持，乃服SAM 大半片，登牀再睡，至十二時起，則頭痛之患若失矣。到大陸商場三樓應慶蕃、箕傳、九齡諸人之宴。蔡生松甫、何生學虞、徐生瑞章、馮生都良咸來作陪，皆效實舊學生也。互道年歲，皆近五十，相見不易，為盡三小杯。二時卅分餐畢，與箕傳同至其家（福田村64）小坐。旋即至海寧路再訪潤卿先生，又值外出，乃歸。志飛、啟煦、建極諸內侄來談。五時小睡七時起，六弟來談申報事，夜讀舊書，十時卅分寢。

4月15日　星期一　晴　五十八度

八時卅分起。昨夜睡眠又不佳，晨起精神沉悶，原擬赴牙醫處亦未果。中午子嫻來，突生感觸，幾不欲與之相見。旋吳開先及陶百川兩君來談，亦徒增無窮之感慨也。長春形勢日緊，戰機已無可避免，而中樞對國民大會事亦現忽忙凌雜之象，遙念陪都諸人，為之悵然。午餐後小睡起，與允默及八妹談話。旋朱醫來，為余打REDOX針，坐談半小時去。三姪叔受偕辟塵來談，與叔受談一小時許。祖望、貞柯、志成及澤永甥、甥女婿來，四弟亦來訪，旋諸人均去。省吾自京來，夜與四弟、八妹談家事。十一時寢。

4月16日　星期二　陰晴　五十八度

昨晚仍中宵屢醒，睡眠不甚佳。今晨遷延疲滯，直至十時許始起。而精神仍極不振也。十一時秋陽來訪，為談在京都置房屋之情形，留其午餐。餐畢，小睡未成眠。念此次來滬已二旬以上，而諸患迭起，安眠藥終不能戒淨，轉瞬假滿，又將去京，為之奈何。三時卅分起，四時到周景文醫師處再診目疾。周醫師謂此決難速痊，但當使其不再加深。五時送默至楊誦先醫師處診耳疾，余先歸寓。程天放君來訪，談一小時。陳君亞漁偕張生九齡來訪，談教育。七時赴仰高君之宴。九時卅分歸。十一時寢。

4月17日　星期三　晴天　六十度

九時起。昨夜睡眠仍不暢，自服新換之藥後，能酣睡者僅二夜而已。今日目力又轉模糊，不能多看小字，如此多病，甚恐今後無法工作也。閱友人來信多件，均無力作覆，思之心疚。聞憐女二十一日可來滬，應為之留心職業問題。十時卅分叔受、建尾兩侄及汲青姪女、永常姪婿攜兒子長風來訪，又叔受之友沈賢祺亦同來，與兩侄談話一小時餘。午餐後小睡起，目力稍復，剪貼報紙。允默往就醫，並訪戚友。四時思圻哥來，不見將十年矣，敘談別後諸事，留晚餐後十時別去。六弟明日赴杭州，余未能與之同行，甚悵。十一時寢。

4月18日　星期四　晴　六十度

七時五十分起。昨晚雖亦屢醒，而睡眠似頗酣足。今晨起床後，精神略佳矣（此五日內大便正常，即為改服新安眠劑後之好徵兆）。午前與默君談家務，讀舊書以自遣。孫莘墅先生壽辰，允默往視之，余以事未往也。良英甥攜來農行存摺一件。午餐後小睡起，錢志忍、志廉昆仲來訪，志廉服務於某銀行，係寧偽政府所註冊者，今已停業，請余斡旋，余正言謝絕之。傍晚荷君兄來談，約一小時，頗勸余不可引退。夫彼則何能瞭解余之健康與心境歟？夜校閱從前所作之論文。允默外出赴壽筵，十時歸。十一時寢。

4月19日　星期五　晴　六十四度

八時卅分起。閱報知長春已為共軍攻入，此後東北情勢之發展至為顯明。國府半年餘之委屈忍讓，全等於虛擲，誠堪憤慨。上午本擬作致友人函札，但遷延復遷延，終於以翻閱舊書將半日光陰完全耗盡。余此次戒除安眠藥，徒使心緒抑鬱煩亂，而腦力疲鈍益甚，殊為得不償失也。午餐後小睡不及半小時，孫長孺君約眼科專家孫成璧醫師來寓，為余診目疾。旋又偕楊醫師至同孚路同濟大學附屬醫院，用擴大鏡視目中之白點，由德醫某君診斷，謂為多年之舊疾，可不須療治。三時卅分歸寓，四時接四弟來談，晚餐後又談話二小時餘始去。十一時卅分寢。

4月20日　星期六　晴　六十四度

五時卅分醒後即未能入睡，七時卅分起。微覺頭暈，蓋昨晚睡未足也。閱報後作函五緘，託四弟攜重慶轉交。十時又青表兄來訪，談卅分鐘而去。許孝炎、馮有真、詹文滸三君來訪，談宣傳事。十一時偕四弟同至蒲柏路莊嚴寺弔任士剛弟之喪，晤鄉友多人，弟子七、八人，與徐仲麟君等談甚久，十二時歸寓。且文姨氏及婉卿侄女亦自甬來滬矣。今午王氏內姪及諸親戚咸來余寓共餐，甚為熱鬧。一時餐畢，小睡。服IPR二丸，睡足三小時，至四時始起。允默勸余往診目疾，未果也。仰高又來視余，注射V•C一針。傍晚明、樂兩兒來，夜讀大哥遺著，未作他事。十一時寢。

4 月 21 日　星期日　晴　六十八度

八時三刻起。昨晚睡眠又不甚佳，大約有四小時之睡眠，而其餘時間均在半醒狀態中。到滬以後，殆常常如此也。秋陽夫婦來訪。向午覺頭暈，不能支坐。季剛夫人來訪，細兒同來，九妹亦於今日來余寓。午餐時甚熱鬧。餐畢談話久之，然後小睡，三時起。協羣甥女來談，又良英甥來談，以農行支票一紙付之，並託其代付電話費。四時卅分君章自崇明歸滬來訪，以京寓諸事囑託之。晚餐後讀大哥遺著及唐人詩。十時卅分六弟來談杭游經過，促其早日行續婚禮。十二時就寢。

4 月 22 日　星期一　晴　七十八度

八時起。今日氣候驟熱，以昨睡尚佳，故精神亦尚暢適。但目光模糊殊甚，當係白點移動蔽及瞳孔之故。腦疾未癒，目疾轉深，何余之不幸耶。上午僅以閱報與閒坐送日，如此懶散，真有背於身勞心逸之旨，奈何奈何。午餐後小睡至三時起。偕允默外出，赴朱醫師處打針。旋又至周景文醫師處診目疾（今日為第六次），周君對余目疾無確實之療法，而進程又極緩。六時歸，朱騮先兄來談，程滄波兄來談甚久，八時始去。夜閱大哥舊作。十一時寢。

4 月 23 日　星期二　晴、熱甚、夜雷雨　八十四度

九時起。昨晚睡眠亦平常，仍屢醒不止，可見余失

眠習慣之深也。憐兒昨自重慶飛京，夜車來滬，今晨到達，攜來重慶函件多件，並為余談重慶之近事。彼頗勸余及此退休，以養息身體，余恐非其時耳。今日上午允默出外訪友，十一時後始歸。午餐後小睡，天時更熱，竟如初夏，如此寒燠失時，憶江南前時所希有也。驅車至靜安寺路理髮，稍覺涼爽。傍晚細兒亦自學校歸省，與兩女閒談久之。近年來對子女舐犢之愛彌深，殆亦老年心境所常有者歟。夜十一時垂就寢矣，六弟忽來談婚事籌備。十二時卅分寢。

4月24日　星期三　陰雨　七十八度

昨晚二時始入睡，五時卅分即醒，以新配安眠藥無效，徬徨焦急，乃再服S. Am. 一丸，七時後再入睡，十時卅分始起。余自此對於減除安眠藥更喪失信心矣。閱報，東北情形仍極緊張，哈爾濱市亦入緊張狀態，馬歇爾在渝設法調處，以意度之，將必強中樞忍讓，然為禍為福未可知也。午後朱醫生來，為余再打維他命C針，與之研究昨晚失眠之原因，彼以為非藥物不效，乃昨日注射B. C. M. 太遲，故晚間神經興奮也。憐兒隨母往謁舅家，細兒今日回校。夜申報等在榮華酒家宴報界，約余同往，余以牙齦浮腫未赴。九時胡健中君來訪，談良久而去。六弟來，商婚禮籌備事。十二時寢。

4 月 25 日　星期四　陰　六十七度

八時起。朱仰高君來寓，為我注射 B. C. M. 及維他命 C 各一針，並與商榷療養之方法。彼堅持余必須去除以前所服之安眠劑，而以 M 藥片代之。其熱誠可感，然余以匝月之經驗，深慮未能做到也。上午無事，閱報而外，僅寫私人函札兩緘，已覺疲煩，則精神之不振可概見矣。午後小睡未熟，董廉三夫人來訪。徐生瑞章來訪，為邵某請託，決然謝絕之。志成、秋陽來談，為志成作介紹函，致徐學禹局長。夜整理物件。九時馬星野又來訪，談中央日報事，與健中所言各執一詞。十時卅分六弟來談。十一時三刻寢。

4 月 26 日　星期五　上午陰、下午晴　七十三度

昨晚睡眠極酣，八時始醒，九時起。乃知新安眠劑之效力不如舊用之藥為有效也。朱醫又來打針，詢余昨晚情形，只得含糊應之，此為余第一次之不誠實也。九時卅分允默等外出，為籌備六弟之婚事。十時思圻哥來訪，談鄉邑各事及家族情形，喚起余回憶者不少。午餐後思圻哥別去，小睡又極沉酣，至三時卅分始起。接君章來函，報告京寓情況。八妹、九妹及良英甥來談。傍晚六時憐兒來家，夜與憐兒談話甚少，詢其學業志趣，並與談細兒對婚事之意見。允默等去六弟寓，十時始歸。十一時寢。

4月27日　星期六　陰晴、下午雨　六十九度

昨晚睡眠最不佳，先後約僅睡三小時餘。因入睡已
將一時卅分，而又每次間斷，至五時卅分後竟不能睡，輾
轉悵恨，肝火大發，至八時卅分起。九時朱醫來診，略告
以宵來狀況，彼乃停止注射B. C. M. 針。朱醫去後，閱本
日報紙，並見客二人。十時卅分再睡，至十二時起。午餐
後與家人同至六弟寓所，九妹近日為六弟籌備婚事，留其
在寓相助。六弟新婦王氏，為筱堂兄之女。筱堂兄三子經
營獲利，故奩具衣飾備極奢侈，女宅既徇於流俗，六弟亦
只得隨波逐流也。傍晚在彼寓小睡。啟煦姪、良英甥來共
餐，晚餐後歸。十一時卅分寢。

4月28日　星期四　陰　六十四度

八時五十分起。昨晚睡眠極酣適，晨興時猶戀牀不
欲遽起也。王繩達君來訪，作函數緘，分致芷町、乃建、
雲光諸兄，即託其攜京轉致焉。今日為六弟述婚吉日，新
婦王氏筱堂先生之女，與余婦為從姑姪。下午行禮，余為
主婚，錢慕尹市長證婚。二時先至白賽仲路新寓一轉，二
時卅分到杏花樓禮堂，兩家賓朋來集者約七百人。公展、
滄波及俞鴻鈞、王曉籟諸君先後致詞，余與史詠賡、秦待
時、徐學禹、陳健菴諸君略談。五時禮畢，與思圻哥、望
弟及柳氏諸中表，又青、亦青、復三、永紋諸兄弟到六弟
寓小坐。七時到巨福路，由兩家設席宴諸親友。十一時
歸，允默遲一小時歸。一時就寢。

4月29日　星期一　陰晴　七十度

八時卅分起。昨晚睡眠酣適。午前在家休息，未出門。細兒於中午去白賽仲路，即轉回學校上課。余午餐後小睡至二時卅分起。公展、滄波來訪，談報館事。四時至海格路範園錢新之先生寓所，開茶話會。到潤卿、月笙、棣華、叔明、文灝、曉光、詠賡及秦待時君等。與滄波、公展諸人商討新聞報公司章程及股東會準備之各事，七時散會。今日在寓約請錢市長及兩介紹人晚餐，錢以事未到，公展夫婦、詠賡及王宅福源兄弟，與六弟新夫婦。九時宴畢，六弟再留談一小時去。十二時寢。

4月30日　星期二　陰、鬱悶微雨　七十二度

九時許始起。昨晚睡眠亦極酣適也。十一時借六弟之車接仲未弟及謙五弟伉儷，與楊氏內姪女學芹、學芝及積兒等來余寓午餐。餐畢，與仲未弟等談話，為仲未作介紹函。二時卅分客去，小睡約一小時起。朱仰高君來為余打針。祖望、省吾來談，省吾擬一、二日內去南京。旋秋陽來談，與樂濟世君同來，商談移居覓屋等事。擬遷寓至四明邨，尚待看屋後再決定也。晚餐後孔庸之君來訪，談三刻鐘去。追述其當年在美策動宣傳之功績甚詳。十時後與家人商房屋事，未有決定。十一時十五分寢。

5月1日　星期三　晴　六十八度

八時卅分起。昨晚服新藥無效，僅睡三小時即醒。四時以後，似睡非睡，夢境繁複，甚不寧也。今日為勞動節，上海市各報一律發雙工外，又加工資一日，始照常出版。近來工潮澎湃，苟無術以疏導之，生產之途窒矣。上午程滄波君來談報館事，午餐後小睡仍未熟。三時到浦東同鄉會參加新聞報股東會選舉，新之、詠賡、月笙、叔明、潤卿、呂曉光、公展、滄波、文澔、翼樞、敏恒及余為董事，道藩、采丞、仲韋為監察人。接開董事會，推定錢為董事長，滄波、叔明、翼樞、詠賡為常董。在會場與鄭耀南君談甚久。六時歸，仰高來，為余打針。傍晚下雨，與默同至鉅福路福清內姪家晚餐。十時卅分歸寓，略談後，十一時卅分寢。

5月2日　星期四　陰晴　七十度

八時卅分起。昨晚睡眠極佳，想係藥粉有功效也。憐兒為就業問題，請余指導。其意在入教育界，然一時無機會，擬先在新聞界學習若干時，當為之進行也。十一時沈宗濂、顧一樵兩君來訪，宗濂來談西藏達賴之英敏，一樵談經濟復員與生產促進問題，其報道及見解前所未聞者。十二時卅分公展及六弟談申報事甚久，以某方無誠意，余決不出席股東會（嗣聞下午股東會流會改期再舉行）。公展等二時卅分別去。允默外出看屋，余小睡至四時許起。海叔、家珍弟、支含芬及三姪來談。夜李中襄來

訪，談農民運動事。十二時寢。

5月3日　星期五　陰　六十八度

　　八時卅分起。昨晚睡眠亦極酣適，惟連日清晨均不欲早起，又常覺骨痛耳。委座已到漢口，今、明日想可回南京。余精神未復，實畏涉政治紛擾之場，故擬展至中旬始離滬也。上午無事，但讀舊書及雜誌數冊。午餐後，小睡至二時始起。秋陽為房屋事來談，遷居與否甚費考慮。最後決定，仍住惇信路。三時魏伯楨君來談「孤島」時代留滬之生活。旋思圻哥來訪。五時杜月笙君為申報事來談，一小時而去。七時李孤帆兄偕吳德生、張肇元、朱仰高、范鶴言及望弟父子來，孤帆今晚宴望弟于余寓，余亦與焉。十時卅分客散，覺甚煩疲。十一時卅分寢。

5月4日　星期六　陰寒、細雨　六十五度

　　九時起。昨晚睡眠又不佳（四時即醒），今晨起床後，精神疲頓，情緒抑鬱不快。知委座昨日已蒞首都，甚願其不致來電催行也。十時何西亞君來訪，贈余週播期刊八冊，談一小時去。十一時劉同縝君來訪，為余代借汽車，心甚感之。客去後，仍讀書自遣。擬作致友人書而無力也。啟煦姪來午餐。餐畢小睡，竟不能合眼，而夢境繁複，神思極不怡定。三時卅分起，志成弟來談一小時餘而去。傍晚陳健菴君來談當前經濟與政治之連鎖關係，其所言有出余意外者。今日接皓兒來函。明、樂兩兒回家。夜

食鮮荳甚甘美。十一時寢。

5月5日　星期日　陰　六十七度

八時卅分起。昨晚睡眠較佳，以參用舊安眠劑之故
也。接乃建兄來函，又接希聖兄來函，均勸余悉心靜養。
余原定五月十五日去京，今決不定期，視健康情形再恢復
工作耳。向午辟塵來談。六弟夫婦及福清來談。十二時卅
分到香港路銀行俱樂部，參加浙高同學聚餐會，師長到者
孫塵才、錢均夫、壽拜庚、徐青甫諸先生，同學到者許行
彬（七十三）、湯書年、徐寄廎、孫理堂、鄭允慕、傅壯
民、王采臣、陳仲陶（五十一最幼）等卅人。談讌移時，
攝影留念而散。偕秉琳、貞柯到同益里朱渠青同學家，坐
談一小時而歸。望弟來談，至五時始去。小睡二小時餘，
八時晚餐。餐畢，與家人談話，十二時寢。

5月6日　星期一　陰　七十度

八時卅分起。昨晚睡眠尚佳，下半夜亦極酣適，可
見新藥亦尚有效，而四日夜間之失眠，乃酬應太繁之過
也。發蔣君章一函。十時李子翰、姚抱真兩同學來訪。子
翰談公務員待遇之低下，不願就縣長職，談一小時許而
去。十一時卅分史詠賡君來訪，其見解之固執，誠意之缺
乏，實出意外。余遇事為之指正，至一時五十分始去。二
時午餐後疲甚小睡，至三時十五分始起。即赴寧波路錢莊
會館讌約慈谿同鄉之茶話會（係潤卿與余二人邀集），到

旅滬同鄉八、九十人，潤卿及余先後致詞，當場討論本縣
復興建設事宜，即席認定募捐總數四千二百餘萬元，推委
員七人保管，並研究用途支配。五時卅分散會，與積祚同
歸寓。六弟來談，晚飯後去。十一時就寢。

5月7日　星期二　陰晴　七十六度

八時卅分起。昨晚睡眠又不甚酣適，其原因當係六
日談話太多之故。然不知身體何以頹衰至此也。李超英君
來訪，談經濟研究處決定結束。此君公私分明，作事切
實，可佩。十時卅分與滄波通電話，旋即約彼來談報館之
事，約一小時許去。午餐時默等外出，寓內甚寂寞，僅憐
兒及平玖甥女在耳。餐畢，平玖辭去（移居於徐家匯）。
余小睡約一小時起，天氣熱悶。陶希聖兄自京來訪，談中
樞政局一月來之要聞，約二小時。傍晚八妹來訪，七時與
默等赴慶萊內姪之宴。九時卅分歸，十二時寢。

5月8日　星期三　陰　七十度

八時四十分起。近來晨醒後每每疲滯偃蹇，不肯起
床，而骨痛特甚，久久不癒，殊患苦之。今日為浴佛節，
家人等往遊靜安寺，余不能同往，在家讀書而已。閱各報
所載中共軍隊橫行之消息，其意在策動全國性騷亂，彰彰
明甚。國事前途洵可憂慮，而時論模稜，是非混淆，長此
縱容，不知所屆矣。午後葉啟宇君來訪，談慈北建設協會
事。四時後貞柯、志成來訪，適患寂寞，不勝歡迎。促

膝傾談，至暮始別。夜讀先外舅自怡室詩稿刪定本，凡九十六首。十一時卅分寢。

5月9日　星期四　陰　六十五度

八時卅分起。閱報後，思圻哥即來訪。余請其略坐，而抽暇作函一緘，致祝修爵副署長，為子翰介紹工作。繼知子翰已回杭州，乃寄杭附致焉。思圻哥極健談，與余談至正午。而秋陽來談房屋事，午餐後又談一小時餘而去。游談送日，真余近日之謂矣。圻兄去後，任秉道、應星耀兩君來談，應君久於教育，談我邑學界事甚詳。方擬午睡，而六弟來訪。旋祖望弟及澤永甥來談。朱仰高醫師來診，為余注射PERAN及VITAC各一針。夜無事，閒談至十時卅分寢。

5月10日　星期五　陰　六十八度

八時十分起。昨晚睡眠甚佳，中夜未醒，竟能酣睡八小時，甚自慶幸。盥洗畢，閱報甫竟，尚未及記日記，而思圻哥又來訪。老年兄弟，過從頻繁，其情可感，然陪客談話，亦甚費精神也。圻哥關心我家家務，詢問甚詳，並為我家籌劃託人代管出納之事。午餐後仍留談。辟塵來訪，元發同來，二時去。三時趙芝室丈孫莘墅先生來訪，談郡邑社會狀況，約一小時去。公展來談報館事及在京之見聞。張乾若君之女公子來訪。傍晚作函呈委座。致芷町一函，託六弟攜去。夜九時卅分道藩來談。十一時就寢。

5月11日　星期六　雨　六十六度

昨晚睡至三時即醒（僅睡三小時），心緒繁亂，無論如何不能入睡，乃再服S. A 一丸，今晨八時卅分始起。頭涔涔作痛，胃腸呆滯，齒牙部發炎，身體較前週更壞，情緒亦因而惡劣。上午黃春蓀君來訪，商報舊人也。落拓潦倒，為介紹於公展，請於上海商報界以廣告方面之工作。十一時作函數緘（為趙之仙請調工作，函貝淞蓀陳行），又為申報某君寫扇面。午餐後一時小睡，精神疲頓，直至四時卅分始起，頭痛更劇。陳啟天、楊叔明來訪，未接談也。五時祖望來訪，鶴皋、秋陽（同六）來談，至七時卅分去。澤永陪郭沫若來談。十一時卅分寢。

5月12日　星期日　陰雨　六十度

八時卅分起。讀自怡室詩集。近日胃呆腸閉，不思進任何飲食，食亦無味，而面部到處發現紅色小瘰癧，此平彼起，甚為可厭。接實之、君章來函，知委座詢余病狀，盼余早日回京，且有官邸聯絡秘書室之說，將以主任囑余擔任。此事前曾談及，余以為不易達到預期之效果，然近日在假中亦不欲考慮之也。今日諸兒均歸家。傍午良英來談，以農行存摺付之。午餐後與之略談，覺其老成忠實極可愛。一時小睡，二時即起。午後無事，閱雜誌數冊。夜與婉卿等談話。十一時六弟來談京中近況。十二時許寢。

5月13日　星期一　雨　六十六度

八時十分起。昨晚睡眠又不佳，因腸胃不寧之故歟？中夜以後，即矇矓困倦，似睡非睡，七時以後醒，以骨痛又淹遲也。今日頭痛甚劇，面部發瘰癧未癒，齒牙部炎腫稍痊。約細兒來談話，十一時後去。忽覺疲甚，小睡數十分鐘起午餐。餐畢覺坐立不穩，胃部作惡欲嘔，乃就枕再睡，沉酣多夢，至三時卅分始起。與憐兒談思想問題甚詳，父女之間見解終不能一致。朱醫仰高來，為余診病。旋陶希聖君來談中央日報事及研究計劃。夜與家人閒話。十二時寢。

5月14日　星期二　陰雨　六十度

八時卅分起。今日齒部發炎仍未癒，精神委瘁，目力昏眊。閱蔣伯潛所輯群經概論。至十時卅分，忽覺發冷，就床小睡，在溫暖中睡去。午餐後又小睡，至三時起。葉伯允兄來訪，亦未見也。接君章及程志和君函告京中近況及浙省諸事。四時秋陽來談房屋問題，並商彼自身之出處。五時仲未弟及祖望與澤永同來訪。仲未入報館後，心緒寧定，為之一慰。而澤永為市銀行事，請余向錢市長進言，甚使我不懌也。晚餐後九時五十分六弟夫婦來訪。六弟告余申報數月來經營概況，十二時始去。十二時卅分就寢。

5月15日　星期三　晴　六十度

八時卅分起。閱群經概論，對憐兒就業問題，今日始有決定，令其入申報館資料室服務。今日天晴而寒甚，十時卅分又覺發冷，神思不快。小睡一小時餘，午餐後仍略睡。彭君頤（昭賢）君來訪，談今後國事與人心習俗，以為此時應剷除建國障礙。四時六弟來寓，偕同出席申報臨時股東會，選出新之、景韓、月笙、叔明、詠賡、行嚴、公展、滄波、任滄、端木愷、王堯欽、訓念及余為董事，次多數為芷町、徐采丞、王顯廷、劉攻芸；又選出徐青甫、葉溯中、徐士浩為監察人。接開董事會，推選月笙為董事長，詠賡為副董事長，叔明、公展、景韓、端木及余為常董。七時卅分散會，與六弟同車歸寓。夜續閱群經概論，與默談家事。十一時卅分寢。

5月16日　星期四　晴　六十八度

八時五十分起。閱報畢，史美誠君來訪，談抗戰中播遷情形及趙志游君遺族狀況，約三刻鐘去。史君、叔諒之同事，對浙圖書館庫書西遷，曾供奔走之力者也。十一時思圻哥又來訪談，繼而秋陽亦來，遂留午餐。餐畢，兩君仍續留談話。凡鄉情、經濟前途，社會問題無所不談，四時秋陽去，而圻兄談興猶濃，又續談至六時後始別。余今日遂不及午睡，然並不疲倦，似精神已漸恢復矣。接京友來函兩緘，夜讀中華時報十二份。此為青年黨刊物，甚見精采。接四弟書。十二時寢。

5月17日　星期五　陰　七十二度

九時五十分始起。以昨夜又失眠，中宵四時起而服藥一丸再睡，故遲起也。十時卅分左舜生君來訪，談時局情形及出版事業等，良久而去。何西亞君攜申報股東會紀錄來訪，余是日有致詞，故以所記者送余複閱之。西亞並言其個人服務情況與志願。午餐後去。余今日齒牙部之炎腫仍未消，且有蔓延之勢。又天氣陰鬱，甚感不舒。接泉兒夫婦自海外來函，頗復念之。四時卅分希聖兄來談約一小時。傍晚協羣甥女來。夜閱商報舊著。接新聞報董事會來函。十二時寢。

5月18日　星期六　晴　七十六度

八時卅分起。今日目疾仍有枯燥模糊之苦，恐天氣轉熱後更將不支。齒牙部之患亦未癒，甚感心煩。十時卅分芷町自京來，不見兩月矣。為余罄談京中近況及聯絡秘書室組織情形，並勸余可多作半月或一月之休息。祖望日前去京，亦與彼同來。旋仰高來訪。十二時卅分與諸君同車至四馬路悅賓樓午餐，此為北平菜館，余已二十年不蒞此館矣。飲酒略過量。二時五十分歸寓，小睡至四時卅分始起。傍晚五兒自校歸家。九妹、細兒、憐兒同來家。夜與家人閒談，讀舊書。十一時寢。

5月19日　星期日　晴　七十四度

八時五十分起。昨晚睡眠尚佳。九時卅分潘公展君

來訪，談申報事，與「上海商報」復刊事。上海商報為公
展之友所辦，與余等在民國十年之商報完全無關係也。十
時卅分壯元弟來談。十一時卅分吳國楨（新任滬市長）君
伉儷來訪，余與允默出見之。國楨對滬市新任命臨事而
懼，此其矜慎，與前任大不相同矣。為余罄談，過午而
去。孫芹池君來談，尋常寒暄而已。一時秋陽來。午餐後
與之談工作前途，至三時始去。午睡未熟，客來太多之故
也。夜作函呈委座，並致吳達詮一函，芷町、希聖等來
訪，即託芷町帶去。十一時卅分六弟夫婦來談。十二時卅
分寢。

5月20日　星期一　雨　六十八度

　　七時十五分起。昨晚睡未熟，六時即醒，不能復
睡，起床後以冷水洗面。約細、憐兩人談話。致王芃生
（十八日逝世）家屬唁電。九時卅分應公展之請，撰「商
識商德」一文，祝「上海商報」復刊。久不作文，且睡眠
不足，寫未終篇，大感疲憊。服S. A半丸，擬就床小憩亦
無效，強起續寫，至十二時卅分完稿。即至邁爾西愛路
十八層樓杜宅午餐。景韓、新之及申、新兩報同人均到，
餐畢已二時三刻，即回寓晝寢，乃得酣臥。然學素、周孝
菴、積鋼族姪等來訪，均未晤也。夜六弟宴新親，與允默
前往作陪，十時卅分歸。蕙蘭內姪同來。十二時寢。

5月21日　星期二　陰　六十七度

　　昨晚睡不甚酣，今晨起床已在九時卅分以後矣。十時志成弟來辭行，將去甬就招商局事，並送來外舅文存二冊，囑為校訂。謂將於今年冬季並自怡室詩稿同時付印，又堅囑余必為一序，此先外舅所面命者也。向午錢慕尹來話別，已卸市長之任，將於明日入京，談政局及人事，其官興猶濃也。午餐後覺頭痛，今日天氣不佳，御夾衣兩襲，猶覺寒。小睡至三時後始起，秋陽來談，並試新製之短衣。客去後讀外舅文存，冲夷樸質，粹然儒者之言，至夜盡三卷。目眊而不能視，十一時卅分寢。

5月22日　星期三　晴　七十度

　　八時卅分起。上午續讀外舅文存，其論經論學諸作，洵有特立獨行之見解，不為一時風靡之說所脅者。昔年讀之，漫不經意，今日始愈欽其人格之夐絕也。然已不克再承其緒論矣。目疾似益劇，情緒悵惘，不可言狀。十時卅分張忠紱參事來談，一小時去。向午熱甚，下午乃又轉寒，天時變幻，亦影響於身體。午餐後小睡未熟。鶴皋及嚴慧鋒君來談甚久，為慧鋒作介紹函於沈成章主席。六時卅分良英甥來談。晚餐後與憐兒等談話。上海商報今日出版，此為駱清華等所經營，與吾人昔年所辦之商報無關係。十時滄波來談，甚久而去。十二時十五分就寢。

5月23日　星期四　晴、下午陰　七十二度

七時卅分起。昨晚藥力失效，晨醒後即躁熱不耐睡也。然睡實未足，至十時許覺頭痛異常，乃復就床小憩。十時葉溯中兄來談。十一時嚴生君默來，詢其家世與求學經過及就業旨趣。據謂有志入新聞界，約談四十分鐘去。周孝菴君來訪。十二時思圻哥來，午餐時對之訴說病苦，有失言者。餐畢續談，一小時別去。余服 S. A 一丸，再睡約兩小時許起。秉道偕周聘三君來訪，貞柯與三楨、祖惠、祖望同來訪。旋八妹偕五妹來寓，與五妹不見九年餘矣。見其康健，殊以為喜。七時與六弟至景韓家晚餐。新之、月笙、鑄秋、公展、訓念等同餐，餐畢小坐，至十時歸。與五妹談話。十二時睡。

5月24日　星期五　晴　七十二度

八時十分起。昨晚睡眠平常，但今日目疾仍劇，視力昏茫，實覺異常惘悵。近日腸胃不暢，不思飲食，而精神亦疲，下午更頭痛不止（骨痛亦已一星期），真諸病叢生矣。午前與五妹話家常，八年辛苦，不堪回首。十一時端木、鑄秋及徐道鄰君來談。午餐後閱因是子靜坐法，周孝菴君日前過訪時所遺也。小睡至三時起。皓兒自京來，與之略談。楊菊廷老友、汪奐伯同學來，談淪陷期間在甬諸事之經過。奐伯對抗戰教育之貢獻極偉。兩君談一小時而去。思圻哥陪胡繩繫甥來訪，胡生任本邑初中校長，談本縣教育事，七時去。夜與五妹等談話。十一時寢。

5月25日　星期六　陰晴　七十七度

八時卅分起。昨晚睡眠極酣足，服舊藥之效也。午前約五妹長談，彼此互詢八年間之狀況及官橋家中與吾西鄉諸事，較昨日所談尤為詳盡。而對於八妹之痛苦，則均不勝其同情耳。午餐後小睡殊未熟，閱正中書局送來之雜誌，覺內容終嫌其薄。三時張乾若老先生來談對於東北問題之意見，約一小時餘而去，其精神甚屬可佩。五時後八妹、祖望、澤永來，細兒及諸兒亦均回家。福清攜其幼子及啟煦、六嫂同來晚餐後始去。今日余寓中非常熱鬧，客去已將十時，略談後十一時寢。

5月26日　星期日　晴　七十九度

八時十五分起。服新藥即早醒，此為屢試而屢驗者。今日天氣轉熱，江南初夏，本屬如此，但體弱之身，易於感覺。目疾仍極深，幾不能用。而頭痛之症更烈（患頭痛已一星期矣）。十時辟塵攜元發曾姪孫來訪，稍解余之鬱悶。元發癡頑可愛，余最喜之。十二時道藩來談，告余以委座期望及聯絡秘書室之性質，並示余以組織規章等，閱之乃如大霧之籠罩我身矣。委座已決定余為聯絡秘書室主任，而余因病未及參與組織章程之要點，今閱之，乃知甚有窒礙不可行者。午餐後小睡起，秋陽來談房屋事及工作事。五時洗澡，頓覺清爽。傍晚細兒去，夜目昏不能辨字。十一時寢。

5月27日　星期一　晴　八十四度

八時二十分起。昨晚睡眠最酣適，連續熟睡七小時以上，且無夢境，此必因昨夜服LUMINAL 足量而後有此效果也。晨興以後，精神亦較佳，午後更怡暢無比。余至今日乃悟匝月來之徬徨鬱悶，多因強戒安眠藥而起，然則朱仰高君之熱誠可感，而治療實不盡對症矣。早晨盥漱後，閱日報畢，已近十時。接四弟長函兩緘，對余之生活作息，多勸戒之語。又涉及家事甚詳，並提及近年仲、季兩家經濟出入之概況，此在四弟實不免多心，乃即作一書為之解說而譬慰之。向午天氣更熱，視力甚感模糊，然頭痛之患若失，則今日特有之現象也。允默應其老同學方君之招出外午餐。餐畢小睡，至二時即起。覆皋兒一函，擬寄四弟轉寄。三時到靜安寺路PARLOW 理髮室理髮，皂水入眼，覺刺痛。今日本擬出外診目疾，遂至周景文醫師處作第六次之診視。周君對余目疾除照紫外光線外，亦無其他特殊療法，甚感失望。五時歸寓，劉百閔、秦潤卿、張申之、俞佐庭先後來訪，均未晤。坐陽台上閱雜誌，戲作覆約兒一函（用俳諧俚歌體）以自消遣。秉琳來，允默代見之。夜與皓兒談話。十一時十分寢。

5月28日　星期二　晴、下午有風　八十度

八時卅分起。昨睡尚佳，但較之前一夕則遠遜矣。盥洗閱報後，讀文化服務社所出版之期刊，內容不甚精采。竊歎本黨文化工作之薄弱也。十時鐵城先生來訪，談

卅分鐘，囑余靜養而去。十一時孫義宣君偕劉同縝秘書來，談近週在官邸服務之情形，十二時十分去。午餐畢，又小睡一小時許起。讀杜詩。今日允默等皆外出，余獨居無聊，然精神極佳。讀文潮月刊一卷一期全冊，將其所載各文分別作評語，擬寄與道藩參考。今日耽獨坐讀書。思圻哥來，亦未接見也。朱醫來打針。夜食枇杷。十一時寢。

5月29日　星期三　陰雨　七十四度

昨晚服 M 一丸，Barb. 二丸，係照朱仰高君之指示。仰高幾經診斷，謂余所以用新藥無效者，乃缺乏Barb. 所致。於十二時就睡後，竟毫無睡意，至二時卅分乃漸躁急，起而再服Barb. 一丸，然仍不能睡。五時後始曚曨合眼，而睡亦不深，七時又豁然醒矣。遷延至七時卅分起床，然上午頭痛時作，精神不舒。閱文化服務社出版之雜誌兩種，竊嘆吾黨主持之刊物何內容貧弱至此。午餐後小睡亦不酣，二時卅分醒，然起坐後異常悵悶，乃服Ipr. 二丸再睡。傍晚醒來，諸病若失，睡眠之關係大極矣。今日發寄四弟及皋兒函。夜十時卅分六弟來談。十一時卅分寢。

5月30日　星期四　陰晴　七十四度

八時十五分起。閱報載國軍已逼近哈爾濱，即將收復該市；民主同盟諸人紛紛赴京，此輩政治掮客殆認為又

有工作可做矣。作致友人函四緘，手腕作痛，於此知體力
之未復也。何西亞君夫婦來訪。俞佐庭君來訪，為四明銀
行董事會聘余為顧問，並謂將贈車馬費，余婉謝而堅卻
之。佐庭乃談他事而去。午餐後小睡至三時始起。睡中
多夢，極不舒暢。在前樓窗下閱雜誌「新學生」一冊，
覺蔣祖怡君筆墨可愛。秋陽來談約二小時，其意殆欲余
為之介紹商界或政界職務，殊無以應也。夜寫信數緘。
十一時寢。

5 月 31 日　星期五　晴　七十四度

八時十分起。為自身之職務問題，甚費考慮。當局
所望我擔任之一事，較之以前侍從室更為繁複而艱難，剖
析其事，致一長函與芷町商榷之。又寄泉兒夫婦一函（昨
晚寫好者）。史美誠君來，代李幼椿君向余致意，並商鹽
業銀行事，余告以無能為助。向午公展兄來，談中央政
情，仍凌亂而停滯，至為可慨。午餐後小睡，一小時餘
起。三時威博來訪，仲肩同來。旋荷君、叔眉兩兄來，同
商效實校董會組織及校務。六時卅分偕六弟至白賽仲路史
宅開申報董事會。八時晚餐後，與諸君同至六弟家小坐，
十時卅分歸。十二時寢。

6月1日　星期六　陰晴　七十八度

七時卅分醒，不能復睡，八時卅分起。目疾復劇，心緒轉為煩躁，不知何故。閱報後讀唐人詩自遣。十時卅分覺頭痛神疲，乃再睡以補足之。十二時為雜聲吵醒，意趣不怡，勉強食飯兩小盌，午後不復午睡。仲肩昨貽我以赧翁墨蹟及太希臨帖，皆戰時在滬所拓印者，展卷把翫，如對昔賢，如晤故人，雖不諳書法，亦甚喜之也。孟海自京來訪，談教部及政務局事，約一小時餘。周時中君來訪，談半小時。秋陽又來，殊嫌其殷勤太過，冷淡之情不覺見諸詞色。望弟父子來，亦畏見之。仰高來，詢余疾。夜讀書談話。十二時就寢。

6月2日　星期日　晴　七十四度

八時五十分起。昨晚睡眠極酣適，中宵僅醒一次耳。細兒休沐歸家，談滬上學風日下，教師無精神，無熱心，大有不屑與伍之意。余謂不如去杭州教書，當較上海為佳也。十時卅分唐乃建君來談南京近況及東北用兵經過，約一小時而去。乃建謂，今日之事千頭萬緒，纓結如連環，要當有決心，覓其扼要處著手解決之方可。其意謂經濟問題首宜注意也。午刻馬積祚夫婦來訪。午餐時飲白玫瑰酒一小杯，食粉蒸肉。後二日為端午，今日提前過節也。午餐畢小睡至三時起。與細、憐兩兒談話，四弟抄寄大哥遺墨格言三十餘則，字字金玉。學琮內姪來，與之談入學事。張乾若先生來談。傍晚散步。夜十一時寢。

6月3日　星期一　晴　七十六度

八時起（七時即醒昨晚睡又不佳也）。今日目疾似又轉劇，閱報覺模糊不能辨認。申報之自由談，春秋兩種副刊水準低下，內容蕪雜而淺薄，六弟近來作事似缺少精進積極之意趣。上海風氣能令人流連於娛樂，至可慨也。十時卅分覺疲倦，小睡一小時補足之。致申報函，為嚴晉謀事。十二時與詹文滸君出席新聞報在麗都花園之宴會，慶祝銷行達二十萬份之紀念。晤熟友多人，以新之先生殷勤勸酒，飲白蘭地一小杯。二時卅分歸，佐卿姪來談。三時後又小睡，起後作函數緘。夜吳國楨君來談市政。十二時寢。

6月4日　星期二　晴　七十八度

八時五十分起。昨夜睡尚佳，但今晨早醒，覺骨痛神疲，不能遽起。近來常有此現象，真不自意衰頹至此也。閱報見蔣公已回京，對於東北問題不久當有更鮮明之揭示。閱中華時報之社評，竟將割據勢力與中央政權平列。近時言論界毫無正義觀念，是非日淆，洵為國家之大患，殊堪憂憤。余今日目疾又劇，視力極模糊，不能辨字。午餐後小睡至三時許起。思量出處，悵悵無已。以余目前之精力言，實宜及此退休，然責任所在，未許閒居。而介公已兩次見詢，多年情感，余又何能恝然置之？真覺進退兩難矣。以允默之勸，擬日內赴杭州一行。夜作函數緘。十二時就寢。

6月5日　星期三　晴　七十八度

昨晚服藥不足量，五時即醒。六時後再服S. Amy. 半丸，睡至十時始起。發寄四弟、君章、道藩、芷町各一函。覆秦潤卿先生及朱渠青同學各一函。貞柯及祖望於午刻來訪，午餐後與祖望談南京各事，二時卅分祖望等別去。寫寄任秉道一函，又為效實中學事致荷君、叔眉、威博一函，託貞柯出席明日之效實校董會。小睡至四時許始起。閱今日各報，天氣驟熱，目力更覺模糊。致良英一函，託其代查農行匯信事。朱醫仰高來打針。五時卅分秉琳來訪，為我代買赴杭之車票。夜整理物件後，小坐至十一時寢。

6月6日　星期四　晴　八十二度

七時起。七時卅分偕允默到西站乘車赴杭，秉琳來送。八時六分開行，九時卅分到嘉興，十一時五十五分到杭州站（途中讀回風詩集一卷），嚴慧鋒君及大姪來迎，即至嚴宅午餐。餐間，與大姪談別後情形，慧鋒留我住其家，辭之，到大華飯店闢室以居。安置行李訖，即乘車過裡西湖，先拜岳墳，次遊清漣禪室，觀魚久之。又至靈隱寺，憑吊羅漢堂。由靈隱至萬松嶺，四明公所，向大哥之柩前行禮，直欲撫棺一慟也。繼回旅舍，徐聖禪來訪。七時應聖禪之約到其家晚餐。餐畢，九時回旅館。周市長來談。黎叔來長談。十二時寢。

6月7日　星期五　晴　八十八度

六時即醒，七時五十分起。子翰來訪，任天亦來談十分鐘。旋雷秘書長法章來訪。九時三刻偕允默乘小船出遊湖，秋陽亦同行。先至汪莊、蔣莊遊覽，繼至三潭印月遊覽，扁舟蕩漾於柳蔭荷渚間，遙望湖畔諸山，心胸暢朗不可言喻。划子人謂舊識余，詢其年已五十六矣。問答移時，倍感重過舊遊之地之有味也。亭午至西冷橋下登岸，至新新旅館。館主人亦含笑相迎，決定移寓其地。十二時三刻到樓外樓，應企虞市長之宴。晤佩蔥、烈蓀諸舊友，食醋魚特別鮮美，飲酒半酣。二時卅分至大華取行李，移寓新新旅館三樓。小憩未入睡，天熱甚。六時轉涼，再駕舟出游湖心亭、放鶴亭。八時晚餐，餐畢黎叔夫婦來談。十二時半睡。

6月8日　星期六　晴　九十度

六時卅分醒，而睡意未袪，乃又入睡，至八時五十起。張忍甫、朱敷庭、趙季俞君均來訪，以余未起，不及接晤也。早餐畢，秋陽來談。十時由寓乘車，偕允默往遊虎跑寺啜茗。虎跑泉極甘美。在濟公塔院前戲占一籤，卜目疾，竟直謂不能痊癒，頗覺廢然，且觀其後耳。旋又往遊雲樓，寺前修竹悉遭盜伐，惟古木尚無破壞耳。十二時卅分出雲樓，由閘口進城，至王順興食豆腐燒魚。晤竺明濤、尹志陶兩兄。餐畢至清河坊購物，三時歸寓。四時小睡至六時許醒。往法院路謁邵裴子師，暢談一小時歸。七

時卅分至孝女路二號，應雷秘書長之約晚餐。紹棣、毅成
在座。十時歸，與允默出外散步，循白堤而歸。十二時卅
分寢。

6月9日　星期日　陰晴　九十度

六時前又早醒，但亦殊不覺倦。八時起，在旅舍平
台上進早餐。遙望山色湖光，蕭然意遠。允默出外訪友，
余獨坐閱書，惟覺目疾更劇。九時孫賓甫先生來訪，與商
編印大哥遺著事，留存目錄一紙，並囑其將全稿錄副。十
時偕允默及黎叔伉儷至虎跑，應教廳舊友之約，在彼遊覽
午餐。到酉生、子翰、任天、迪先、季俞、長風、敷庭、
秋陽。餐畢攝影，盤桓至二時卅分歸寓。小睡未熟，四時
後鳴濤來訪。霞天、子賡先後來談。大姪、四姪偕婦攜兩
兒來訪，兩兒殊活潑。與兩姪至樓外樓晚餐。夜八時五十
分歸，沈養厚同學來訪。霞天來詳談。十二時就寢。

6月10日　星期一　雨　八十度

六時前又早醒，到杭四日，每晚睡眠不足六小時，
今日乃覺精神異常痿散。霞天兄約午餐，堅辭之。八時起
床後，進早餐，作函四緘。已而復睡覺。掌心及頰上發
熱，窗外陣雨不止，無聊甚，再睡。秋陽來，囑其購置某
藝人所製之古裝人面具數事，備攜歸，分贈小孩。午餐食
火腿蛋、鯽魚，甚鮮美。餐畢，子翰來談。馬湛翁、姜卿
雲及霞天來訪詳談。四時至車站，企虞、慧鋒夫婦、毅

成、黎叔、酉生諸人冒雨來送行，友情可感。四時卅分開車，中途修理引擎誤點，九時卅分到滬。五兒來接，回寓晚餐。十二時寢。

6月11日　星期二　晴　八十度

八時十五分起。閱芷町來函，勸余再稍作休息。旋又接委座灰日來電，慰問病狀，允稍展假期，余乃決定於二十日以後再去京矣。祖望傍午來談，與之接洽京中各事。午餐後與續談滬上房屋事。二時卅分後小睡三時卅分起，任秉道來訪，開來五和股票賬單，略而不詳，不如乃父精細多矣。李祖範兄同來訪，與余商療治目疾及神經病之道，並談某司法事件。謙父來談，言明日赴京矣。思圻哥亦來話別，勸余珍重。諸人去後，君章來訪。傍晚八妹過談。晚餐後與允默談家常。讀回風詩文集。十一時寢。

6月12日　星期三　陰晴　七十二度

八時十五分起。昨夜睡眠較酣，然今日天氣陰沉不舒，又覺稍有骨痛。向五和借得一車，九時五十分往訪光華眼科醫院張錫祺醫師不值，留片而出。與允默同訪王亮疇先生於馬斯南路九十號，亮公血壓仍高，在休養中，聞兩週之內不能回京云。出至四川路徐俊民醫師處診牙，以上顎發炎，而下顎之假齒亦須修整也。診畢歸寓，已將二時。午餐後小睡，達兩小時之久。四時卅分良英甥來談，晚餐後去。據良英言，中農內部甚佩仰李總經理之實幹精

神，可見尚有公道。夜讀書。十一時寢。

6月13日　星期四　雨　七十度

八時卅分起。昨未睡眠又不甚暢，天雨不止，心緒甚壞。閱報載中共與馬帥間之接談，態度詭譎不可測。十時羅佩秋君來談一小時去。十一時到四川路，再請徐俊民醫師整牙去腐，十二時卅分歸。午餐後閱世徽樓詩稿，小睡約一小時起。三時卅分到環龍路張錫祺醫生處診視目疾，張醫為余測目力，竟模糊不能辨壁上之隻字。繼後照視檢驗，疑有白內障，約明日再診，乃歸。未幾秋陽來，久坐而不去。辟塵來，談大哥刻書之事。旋任天來訪，為作致沈主席之介函。夜讀雜誌。十一時寢。

6月14日　星期五　陰　七十二度

九時起。杭游歸來以後，意趣仍極惡劣，作事出行百無興趣，見客酬對輒感心煩，此疾深沉，殆終不可痊歟？午前有張文魁君來訪余，欲邀余午餐。此君與余僅在杭州飯肆與嘉興車站兩次相晤而已，如此見邀，未免突兀，婉謝之。午前五妹來訪，談家事甚久。午餐後以有訪醫之約，小睡未熟。魏伯楨、孫鶴皋兩君來談，甚久而去。伯楨為正始中學事，鶴皋則談四明銀行之事也。三時再謁張錫祺醫師，將余瞳孔放大後仔細檢查，知目疾尚無白內障之象。五時後歸寓，休養目力，靜坐而已。啟煦姪來，晚餐後去。夜坐至十一時十分寢。

6月15日　星期六　陰晴、有風　七十八度

八時五十分始起。今日鎮日未出門，目光稍復，瞳孔已收小，恢復正常。偕戚友函札數緘，皆為請託謀事者，實無暇為之籌謀。因念今日百事脫節，人人皆以關係謀職業，而機關之進退人員，亦不以法規資歷能力為標準，長此以往，爭競日烈，而青年就業毫無保障可憂也。上午檢點私人會計賬冊。到滬以後，已用二百萬元以上，生活脅人可畏。午後三時忽覺發冷，有寒熱之象，頭痛甚，擁被假寐半小時始癒。請朱仰高兄來打二次防疫針。六弟約晚餐，余以病未赴約，在家與憐兒、明兒談話，後與樂兒談。十二時寢。

6月16日　星期日　晴　七十八度

七時卅分起。性情憂鬱，意緒又不快。蓋昨夜樂兒言志，馳騖高遠，頗憂其誤用聰明，故睡眠不足。細思之仍由於溺愛之心太過也，殊以為愧。細兒來家，與之談話四十分鐘。十時祖望來。十一時君章、厚莘來。旋秋陽來訪，貽余茶晶目鏡一副。十二時任秉道介紹神經科專家粟宗華來，為余診寂，暢論余之病因，所言極精確，惜無治療之良法耳。一時卅分午餐，虞貞儀甥女來。餐畢，作函兩緘，又致陳公洽電，交祖望攜去。祖望明日赴京矣。小睡一小時許起，與粟醫師談話後，心境較怡暢。邵慧貞世侄來訪，談卅分鐘去。湘濤甥女來，未及與之談話也。五時卅分董顯光君來訪，為王亮疇先生墊付醫藥費，董君談

一小時去。夜讀書。十一時十分就寢。

6月17日　星期一　晴　八十度

八時卅分起。昨晚服新藥，睡眠尚深足，但近日霉季骨節酸痛之症乃大發耳。上午閱報未作事。到滬以來，耳目所接，真可慨憤。人心之陷溺，輿論之混淆，正人之稀少，秩序之廢弛，幾已屆不可收拾之境地。近日中樞正勞心焦思以求停戰令之生效，然社會如此，經濟如此，中共之必不就範可預卜也。下午小睡，夢見先君，大哭而醒，心跳久之。四時到河南路工業化學社，承李祖範兄介紹，往訪侯祥川醫師診視全體，斷定余營養不足。侯君為國內研究營養專家，為余處方而別，六時歸。七時晚餐，夜讀詩。十一時寢。

6月18日　星期二　上午陰、下午晴　七十九度

昨晚以心緒鬱伊，睡眠減少，僅睡足三小時而已，舍外環境亦日益嘈雜，八時許強起。閱報四份，知中共對馬歇爾仲裁權果然拒絕，而魯境戰事方酣，轉瞬談判之限期屆滿（廿一日），展延歟？決裂歟？當為中樞所最疾首之一問題。余今日身體又大壞，頭痛骨痛，終日不止，心緒之煩鬱，精神之疲勞，更甚於昨日。胃腸亦極不佳，不思飲食。午前以暈眩不支，十時再睡，至一時始起，僅食一碗。午後在家閒坐，接希聖來函，報道其所感想。傍晚良英來訪，談卅分鐘去。晚餐食麵包。夜十一時寢。

6月19日　星期三　晴、下午微雨　八十度

八時卅分起。昨晚睡眠較酣適，今日目力稍佳，又因服消化藥之故，腸胃之疾亦稍瘥，惟腕力仍薄弱，作字震顫無力，僅盡一紙，即覺腕痛，茲可悵耳。閱各報，都無佳消息。申報今日國際智識欄有嚴晉譯件，下筆矜重，譯事忠實，如謂流利暢達，則尚未臻上境，或亦題材內容限之歟？今日仍不敢食飯，午晚兩餐均食麵包。午後辟塵夫婦攜元發來，此兒渾厚，余最愛之。六弟婦攜其姪女阿鳳、幼姪懷頤來，以臉譜二具贈其幼姪，並與允默偕婉卿及六弟婦攜小孩游法國公園，散步一小時許歸。亮疇伉儷來訪，未晤。夜讀詩。十一時寢。

6月20日　星期四　陰晴　八十度

八時卅分起。今日目力又稍模糊，然下午即瘥，能閱報紙三、四頁不疲。誠能如此，則尚可勉強作事也。上午考慮回京事，以久假非宜，決定下週去京。然滬上尚有雜務待理，此數日內不可不即為處理之也。李超英君來談甚久，深致慨於近來人事登庸之雜亂，欲保持獨立不倚之人格乃極非易事也。向午秋陽來話別，談四十分鐘去。季俞來訪，允默代見之。午餐後小睡一小時餘起。閱曾虛白君論文，甚喜其不廢學費。錢均夫師過存慰余疾病，並示先師吳先生傳（馬夷初所撰）。旋吳啟鼎來訪，以客來，遂不克出游。余婦甚憾之。夜讀吳先生傳。十一時卅分寢。

6月21日　星期五　晴　八十度

八時五十分起。今日新聞報以報販抵制，未能發行。閱申報，知中樞對中共蓄意違背停戰令，將不予容忍，日內當有新發展云。十時允默外出訪辟塵、慶萊，一時始歸。十時俞松筠、楊玉清兩君來訪，松筠告余以治病之道，玉清來商三民主義半月刊事，談一小時始去。樓兆達太親翁來訪，託余謀事。任秉道送來五和股票等件，並談滬工商界事。鶴皋來談個人之出處，貽余參藥而去。一時卅分午餐，午後本擬謁眼科醫生，忽覺發冷，微熱，頭痛不可忍。五妹八妹來訪，旋辟塵攜元發來談。夜服藥，頭痛稍瘥。六弟來。十二時寢。

6月22日　星期六　晴　八十二度

八時十分起。報載蔣主席下令再延長停止進擊八天，至月底為止，予中共以最後反省之機會。時局關鍵可謂千鈞一髮矣。然而安定秩序、維護統一，固政府所應冒難以赴者也。閱新聞報二十一日社論，措詞模稜，有分析而無結論，甚以為不妥也。今日目力依然，而腕顫已稍瘥，連寫信札五、六函，亦不覺疲倦。午後又小睡一小時以上，起閱文匯報，語調極歪曲宣傳之能事。五時徐鑄成君來訪，與之談時局及輿論方針，反覆剖述達一小時，我盡我心而已。細、皚、明、樂均來家。夜坐露台上納涼閒談。樂兒擬越級考大學，余甚不贊成。十二時寢。

6月23日　星期日　晴　八十四度

八時卅分起。今日為星期日，客來甚多。上午十時孝炎、有真兩兄來訪，孝炎為余談京中近情及宣傳方針。十一時竺培風夫婦偕竺培農來訪，談卅分鐘而去。向午積鈞姪送楊梅來，小梅族兄所貽也。不嘗家鄉風味已將十年，得快朵頤，何幸如之。立萌姪孫同來，留其午餐。餐畢坐談半小時去。立萌幼時頑嬉，今已在戲劇界略有成就，而年亦二十有一矣。午餐後小睡至四時許起。頭痛而胃不舒。慶蕃、箕傳來訪，談一小時去。祖範來訪，談甚久。夜滄波來訪。十一時卅分寢。

6月24日　星期一　晴　八十五度

八時卅分起。今日見報載，丕華、綱伯、簣延芳諸人隨所謂反內戰請願團者入京，此數人乃隨馬敘倫一致行動，皆余未曾與之接觸之過也。陳定民世講來訪（陳君哲兄之令姪），談學風，極有見地，以其為故人之子，不覺長談。洪太完來訪，竟未及晤見。向午應厚荓來，託余介紹一不相干之事（證交登記），卒以屬聲答之。余今日之情緒又不平靜矣。午後更抑鬱，以出言隨便，不諒於家人，不勝悵悒。四時明玕姪孫女、昌掖姪孫女及元發前來，昌掖將去杭州，頗慰勵之。鶴皋、伯楨、玉書先後來訪，九時後去。十時晚餐。十二時寢。

6月25日　星期二　晴　八十六度

八時卅分起。昨晚睡眠甚酣適，晨起精神較佳。但近日心緒頗雜亂不寧，而鬱抑不快之感亦始終不能排除。以余之身體，實不宜繼續任事，但國事如麻，中樞人少，又非冒暑去京服務不可。今後公私諸事更難措置矣。向午覺悵惘無聊。小睡一小時。午餐後，閱報，又繼續睡一小時。近日情形殆所謂以睡眠泯除痛苦，非養生之正道也。接委座來電，囑約汪伯奇去京一談，以電話探詢其地址，並呈委座一函。五時謝南光君來談，日本情形及我國民族政策，約一小時半。七時天孫夫婦來訪，八時卅分去。夜熱甚，納涼至十一時三刻寢。

6月26日　星期三　晴　八十六度

八時卅分起。報載馬敘倫等廿三日在下關被毆事件，稱係有組織者之所為，以余度之，所謂滬上反內戰之請願，即係中共所指使，意圖別生枝節，使二十二日以後之延期商談不生效果也。今日讀中央日報社論，益覺余之推斷為不謬，良可慨嘆。九時汪伯奇君來訪，以委座之電告之。十時亮疇夫人及謝耿民君來訪，談卅分鐘去。下午熱甚，小睡至三時許起。良英來談，以余離滬後寓中諸事託之。滄波來談，聞明日將有關於宣傳事務之商討云。彬史兄偕鶴皋來訪，玉書亦來談，至九時許去。夜納涼閒坐，與憐談話。十一時卅分寢。

6月 27 日　星期四　晴　九十二度

八時起。昨晚睡眠尚佳，晨起有矇矓暈眩之象，殆服藥過多之故也。今日天氣最為鬱熱，午前已至九十度。約鶴皋兄來談，望其對滬上正人多加聯絡，以遏歪曲理論之發展，並以寓中各事託之。又託滄波兄代定車位，擬月底赴京矣。向午忽覺胃部極不舒服，有嘔吐之象，久之不癒。小睡至二時始起，略進午餐。餐畢仍感疲倦，再度入睡。四時卅分公展來談。旋六弟、八弟來談。辟塵來送別，以件交之。朱醫來打針。澤永、華娓兩甥亦來談。晚餐後納涼閒話，至十一時十五分寢。

6月 28 日　星期五　上午陰　八十六度

七時起。以許行彬君之囑，託為某君題江村消夏圖。整理書札，作致友人函件六件。吳紹澍君來談黨務事。余今日正欲結束各事作京行之準備，故對客頗有倦意，然吳君仍談五十分鐘而去。余對之有規誠之言，謂黨內應盡量做到團結也。王文伯君來訪，談東北事情及經濟，約四十分鐘。午餐後小睡，至二時十五分起。董氏妹來談紹棠甥事。胡健中兄來談，約一小時去。羅生慶蕃來訪，以五和股票一部分交之。六時整理物件。皋兒夫婦自渝來滬，余忙甚，無暇與之談也。夜與魏伯楨君談話甚久。十一時半寢。

6月29日　星期六　陰　八十五度

晨七時卅分起。今日夜車決定赴京矣。旅滬先後三個月（三月廿四日到滬），深居簡出，而耳目所接，都無好懷。不圖勝利歸來，囂擾之景象一至於此。今扶病回京，預想此後艱難當不下於二十年時代也。整理物件，作函札六件，留書告遠兒，勗其不可作躐等之想。此兒資性尚穎，而好騖高遠，甚可慮也。錢慕尹來訪，談一小時許而去。午餐後繼續整理物件，小睡五十分鐘。五妹來訪，與之話別，以劉攻芸君之函件（關於四明村一一六號房屋事）面交之。傍晚滄波來送行，談滬上新聞界諸事。汪榮章來訪，允默代見之。七時明、樂、皚、細兒諸人均來，平玖甥女亦來送行。晚餐時飲酒一大杯。八時後天孫、伯準、王氏諸姪、姪孫、六弟夫婦均來，送至北車站。十時廿分與允默乘車赴京，十一時寢。

6月30日　星期日　陰　八十五度

六時車抵堯化門，即起。過和平門而至下關，車站已漸復舊觀，惟貧民茅屋獨多耳。雲光、子鏡、祖望、君章、省吾等來迎，即乘車至湖南路五〇八號寓所。房屋尚整齊，惟佈置略差。吳祖楠君來談。陶希聖兄亦來談，約一小時。知委座昨晚澈夜辛苦，與中共之談判仍無結論，此可為憂憤者也。秀民、資生、瀛階來見。以昨晚睡眠不佳，十時卅分後再睡一小時補足之。芷町來訪，談中央政局，知委座對彼倚畀甚殷，彼亦不再請外調矣。午餐後同

縝、義宣來談。客去後，又小睡一小時。今日初到，不擬
出外訪友，整理物件。夜八時晚餐。十時就寢。

7月1日　星期一　晴　八十五度

七時卅分起。閱本日報載彭部長之聲明，說明政府切求和平之誠心與維護統一之決心（中共代表團亦有聲明，備加誣蔑）。蓋昨日中午停止進擊令已滿期也。八時卅分自寓出發，到國府參加紀念週，諸舊友紛紛慰余病狀。九時典禮開始，國防部白部長、陳參謀總長等宣示交印就職，吳委員監察並致訓。十時十分禮成，到芷町處小坐，往訪吳達詮略談。十時四十分出席黨政會議，到十六人，立夫主席，一時卅分散會。約陳廣煜醫師來寓打針。午餐後小睡一小時半起。秦振夫兄來談。五時五十分往謁委座及夫人，旋回訪梁均默副秘書長，適汪伯奇攜子來訪。十時半寢。

7月2日　星期二　陰　微雨

七時卅分起。八時半蕭化之、袁守謙、楊德慧（畢業生調查處處長）三君來訪，談聯秘處事及政治部改隸事，又談委座傳略等事，約一小時餘而去。十時卅分到官邸，出席聯絡秘書會報，到正鼎、寒操、彥棻、井塘、唯果、少谷、昌渭、胡淳、李燕、劉士毅、毛副局長、陳局長等，各單位分別報告要務畢，余提供黨務及宣傳之意見數項。今日委座接見周恩來，故未出席主持也。一時卅分畢，歸寓午餐。餐後午睡一小時，請陳醫官來打針。房滄浪君來訪，未及接晤。四時趙述庭君來訪。魏海壽世兄來談。旋八弟來訪，談今後工作方向。整理私人會計冊。閱謝

南光君之條陳。夜馬星野、彭浩徐來訪。十一時卅分寢。

7月3日　星期三　雨　七十三度

七時十五分起。閱國防會本日議案，覺所列實有未盡適當者。八時五十分到國府，九時十分委座約孫、戴、鄒三委員談話，商國民大會事。九時卅分舉行國防會常會，決議要案五件，又決議於十一月十二日召集國民大會。轉達手諭二紙於文官長及蔣秘書長。十一時卅分再謁委座，並出席特種會報。一時卅分散會歸寓。午餐畢，疲勞而興奮，服S. Am 一丸，久睡未熟，四時後始入睡，至六時醒。柳克述、徐可亭、盧永衡來訪，均未晤。即在孫院長家，談商國民大會事。晚餐後歸寓。屬生、公展先後來談。十一時卅分寢。

7月4日　星期四　晴　七十五度

七時卅分起。到京以後，每夜睡眠均感不足，對紛繁之環境仍不習慣也。馬市長來談。九時到官邸謁委座，請示七七前夕廣播文告事。奉諭今年可不必廣播，並報告昨晚會商之要略。出至國民政府，參加聯合辦公，在芷町處小坐，晤作孚先生。繼與蔣夢麟、李宗黃、彭浩徐諸君談話。十二時應主席之約，與孫、邵、王、厲、鐵、沛、震諸君商談國大問題。十二時卅分到勵志社參加公宴，為何敬之餞行。餐畢，到理髮店理髮，二時卅分歸寓。小睡至四時起。核簽國防會文件一件。徐柏園、盧永衡先後來

談。六時卅分偕允默出游五洲公園，約一小時餘而歸。孫、王、袁三編纂來訪，以申報件交之。聖芬夫婦來訪。孟海來談。與八弟談。十二時寢。

7月5日　星期五　晴　八十四度

昨晚睡眠又極不佳。所居面臨通衢，市聲喧雜，時擾睡眠，殊為缺憾。八時十分起，實之弟來談，其容色轉佳，胃病漸癒，頗以為慰。陳漢平君來談財政經濟方面之改革意見，約四十分鐘去。十一時到國防會，約集第一、二、三組組長及吳參事文藻兄詢談各事。並接見徐、蔡兩參事及成秘書等。十二時魏伯聰副院長偕陳亦君（景韓之子）來訪，談卅分鐘去。一時回寓午餐。餐畢小睡未熟，頭痛殊甚，起而服藥，勉強再睡，至五時起。黃少谷、程天放來訪未晤。六時偕默出中山門外游覽。夜希聖、乃建來談。十一時寢。

7月6日　星期六　陰雨　七十六度

八時卅分起。昨晚睡眠又不佳。入京七日，失眠更劇，皆因神經衰弱未復原之故也。十時卅分往訪梁均默兄，談國防會事。旋即至國防會秘書廳，與吳、鄧兩同志商公事。又約集楊子鏡同志與法制、財政、外交各專委會秘書，囑彼等轉達各專委會勿停止工作。十二時卅分歸寓午餐後，小睡一小時，尚酣足。二時起，芷町來談政務局諸事，三時辭去。程天放兄來詳談中政校事，並表示求

去，余勸其勿提辭呈。吳文藻兄來談國防會同人對第三組之感想。胡仁沛來，與談三民主義半月刊事。雷法章秘書長及李超英兄先後來訪。八時卅分到官邸，侍委座晚餐。雷、力兩君同餐。十時卅分歸，十二時寢。

7月7日　星期日　晴　八十度

九時十分始起。昨晚入睡甚遲，清晨又為市聲所擾，故晏起如此也。今日首都舉行追悼陣亡將士大會於國民大會堂，余因遲起，未及參與。聞委座親自致詞，語極簡切而沉痛，知其感慨深矣。十一時驌先來談教育行政及大學復員情形，久坐聽之，殊感疲乏，一時始去。今日三兒休沐歸省，下午去。謙五弟來談。午餐後與談至二時卅分始獲小睡，服Ipr. 一丸，故入睡較深。四時起，申報特派員房滄浪及採訪記者毛樹奎來訪，竟以余為其戈取新聞之對象，長談約一小時餘而去。接委座手諭，詢張寶樹工作。夜十一時寢。

7月8日　星期一　晴　八十四度

八時卅分起。九時到國府出席紀念週及北伐誓師週年（七、九）紀念典禮。吳稚暉先生作報告，意味深長。十時散會，即在會議室稍作休息。十時卅分舉行黨政小組會議，由吳秘書長主席，旋委座親臨，對於宣傳事項有所指示，特別注重於中共反美宣傳，謂應加以闢斥。又討論其他要案，十二時十分散會。歸寓，閱私函數緘，午餐後

小睡一小時許。今日精神仍極不振。李唯果兄伉儷來訪。
約秦組長振夫來寓談話。閱延安廣播全文。訪梁均默。夜
八弟來談。十二時寢。

7月9日　星期二　晴　八十二度

　　昨晚睡眠最不佳，僅睡三小時後即矇矓間續，似醒
似睡，直至七時卅分後始稍稍睡去。九時卅分強起，然頭
暈疲憊殊甚，且有嘔吐之象也。十時卅分到官邸，舉行聯
合秘書室會報。委座未到，由余代為主持。各單位除國防
部與行政院外，均有代表出席，報告各案，兼有討論，至
十二時二十分完畢。應委座之約，到官邸午餐。雪艇、力
子、辭修、大維均在座，商討關於中共拒不撤出蘇北之對
策。委座有訓示。二時餐畢歸寓，午睡至四時許起。佛性
來談。夜希聖來談。十一時寢。

7月10日　星期三　晴　八十三度

　　八時卅分起。昨晚服藥較多，睡眠最為酣暢，乃到
京以來之第一次也。九時卅分到國府參加中央常會，聽冗
長之報告案。各常委發言枝蔓，殊費時間。賴璉要求王部
長到會報告巴黎和會發展中我政府應付之經過。十二時卅
分散會。十一時卅分曾舉行特種會報一次，僅到六人，略
談即散。正午到勵志社參加歡送馮煥章先生之宴會。二時
四十分歸，小睡起，鄧、秦兩組長來談。五時徐可亭君來
談甚久。四弟今日自重慶來，六時到京，未與詳談。八時

往乃建家晚餐。與蔚文、貴嚴、屬生諸人談至十一時歸。
十二時寢。

7月11日　星期四　晴　八十五度

八時卅分起。以委座將有牯嶺之行，擬囑省吾兄先
行上山，準備寓所，作介紹函二緘付之。十時卅分到國府
聯合辦公，到鐵城、夢麟、井塘、浩徐、達詮五人，會談
各事，約一小時。旋同謁主席，為梁均默兄報告請假赴
滬，並陳述余須二十以後始能去牯嶺，委座允之。十二時
卅分委座宴內蒙代表團於官邸，前往作陪。與禮卿、宗
濂、樹人諸君相晤，餐畢，二時卅分始歸寓小睡，至四時
起。毓麟來談。陳宗熙君來談。馬星野社長來訪。夜唯
果、芷町先後來談。唯果論時事，語多偏激，為之一慨。
十一時客去，十二時寢。

7月12日　星期五　陰晴、有風　八十二度

四時早醒，以昨夜服藥不足，又患失眠，然疲頹不
能即興，至八時起。閱昨夜唯果留交之東北宣傳意見書，
以其諄諄囑託，為之詳閱兩次，終覺內容不甚完滿。欲為
補充，實無氣力。至十時，覺頭痛欲嘔，不得已服 Ipr. 一
丸再睡。實之、文藻先後來訪，均未晤談。十二時醒，閱
本日報紙後，疲甚再睡，至二時起。陳醫來打針，食麵包
三片，精神略復。批閱國防會文件四件，今日實不能到廳
也。四時委座交下夏令營訓詞，即為修正，六時完畢。夜

為唯果核閱文件。八弟來談。納涼至十二時寢。

7月13日　星期六　晴、熱悶　八十七度

八時起。昨晚睡眠仍不甚佳，藥物漸失效矣。六弟夫婦由滬來京。早餐後吳文藻兄來談。九時卅分往中央研究院訪胡適之君，談卅分鐘。出晤孟真、逮曾、書貽諸人。十一時到國防會秘書廳，約鄧組長、吳秘書練才分別談話。十二時卅分到官邸陪客午餐。今日委座宴胡適之及孟真，二時十分餐畢辭歸。午睡一小時餘起。天氣轉熱，見客三人，流汗不止。五時卅分應委座之召到官邸會談，到孫、戴、鐵、杰、辭修、健生、果夫等，商討參加巴黎和會事。七時客退，單獨入見，談話十五分（到文官處，囑沈昌煥拍電，以件交芷町）歸寓。夜與四弟等閒談納涼。十一時卅分就寢。

7月14日　星期日　晴　八十九度

八時起。昨晚睡尚佳。今日委座動身去牯嶺，九時卅分往謁送行，約定二十四日以後上山。與達詮、為章諸君略談出，至中央飯店，接六弟夫婦來寓。約允默同車游雞鳴寺，臨眺久之，向寺中求籤，拈得第九籤及第九十籤，其中一籤與民國二十年五月所拈得者相同，神如有靈，殆點詔余為舊相識也。臨眺久之，望台城後湖，風景猶昔。嗣同至南門外馬祥興午餐，二時卅分歸。小睡至四時起。任天來訪。旋魏伯楨君來訪，談滬上諸事。養甫來

談治病之方。夜正鼎來長談。十二時就寢。

7月15日　星期一　九十三度

八時卅分起。九時到國民政府參加紀念週。孫院長哲生主席，白健生部長報告國防部成立後之意義與希望，九時五十分禮畢。與屬生、道藩諸君略談近事，即歸寓。批閱公私函札數件。向午天氣更熱，且悶鬱無風。午餐後小睡一小時餘，流汗如注。四時鄭西谷君來訪，談上海中學事及甘省教育。李唯果兄來訪，談其個人之行止及東北宣傳工作。傍晚皓兒回家。七時以車接六弟夫婦及八弟來寓，設席祝六弟之生日。夜道藩來長談。十二時寢。

7月16日　星期二　晴　八十九度

八時卅分起。閱報及參考消息。十時與芷町通電話。十時卅分到官邸。今日原為聯合秘書室會報之期，以委座離京，到者寥寥，僅鄭彥棻及芷町二人到會，遂未舉行。在客廳中會談一小時許而出。至中央飯店一轉。十一時卅分到國防會秘書廳處理公事，核定議程，與一、二、三組主管人略談，十二時卅分歸寓。俞欽佇來寓同午餐。餐畢小睡，至三時起。為上海中學轉簽呈一件。四時到中央黨部，會商政校、幹校合併事。六時果夫來談。七時化之來談。七時接讀委座函諭一件。夜十一時寢。

7月17日　星期三　晴　九十度

　　八時十五分起。自昨日起，精神稍佳，今日亦覺爽健，天氣稍涼或亦一原因也。九時到國府參加國防會一九八次常會，宋院長主席，各委員多題外質詢之言，紛紜擾攘，費時甚多。十二時十分散會，已不及參加特種會報矣。聞一多繼李公樸之後而被刺，此在民盟與中共其得意可想而知，若謂中央之主使，中央決不愚鈍至此。然一般盲動浮囂之群眾心理，則決不能平心思考而理解及此也。一時午餐，餐畢小睡，至三時始起。為張寶樹工作事，作簽呈一緘，送政務局轉遞。又致夢麟、騮先各一函，調取各省市參議會會長及各大學校長名單，以備委座之核閱（昨日函諭，擬於八月杪召集社會賢達及大學校長等赴牯嶺會談，囑與吳文官長會擬名單）。又致傅孟真函，詢胡適之行期。四時徐可亭君來談糧食部事及徵實徵借辦法實行事。致公展、寒操各一函。五時接牯嶺周秘書電話，詢聞一多案。發消息一則，又與鐵城、浩徐、孝炎通電話後，覆委座一電。七時後作呈委座函一緘，又報告國防會開會情形，並代擬致立法院電稿一件。伯楨來訪，無暇接見也。夜十時公展來訪。十一時芷町來訪，彼明日去牯嶺，託攜二函。草擬致綏靖部隊電令未完。十二時寢。

7月18日　星期四　晴、微風　八十六度

　　八時五十分起。今日氣候涼爽，與前數日之悶熱不

同矣。完成昨日所草擬（訓勉綏靖部隊恪守紀律）之部
令，即送軍務局代寄呈核。十時卅分以電話與鐵城通話。
許孝炎君來訪，談報紙企業化事。十一時到國府聯合辦
公，與吳達詮、吳一飛等談話。十二時十分歸寓午餐後，
自覺目疾有痊癒之象，察之則白點依然叢繞，而左眼球愈
甚也。吳文藻謝冰心伉儷來訪，談教育問題及對日問題。
約陳醫官來打針。發馬市長、李超英兄各一函。晚餐畢，
已八時，毓麟來談。佛觀來訪未晤。十一時寢。

7 月 19 日　星期五　晴　八十八度

八時起。昨晚睡眠尚酣適，但今日精神仍不佳，情
緒抑鬱煩亂，亦不自知其所以然也。九時到中國農民銀
行，出席常董會，晤張閬聲師及舊友多人。會議約一小
時完畢，十時卅分歸寓。讀何敬之總長「八年抗戰之經
過」。十一時卅分梁均默兄來談。十二時午餐，實之表弟
來談，一小時去。午睡一小時起。接省吾自牯嶺來函。五
時吳璧存科長來談廬山佈置房舍之情形，知山中房屋有一
部分已毀損不堪用云。望弟攜澤永函來談。化之來訪，為
擬編年譜事，適以晚餐未晤。夜十一時寢。

7 月 20 日　星期六　晴　八十八度

八時十五分起。今日無集會，擬在寓休養一天。到
京以來，體力精神迄未恢復，雖注射藥針，亦甚少效果。
真不能不稍稍節勞，俾神經得獲寧息也。閱國防會常會兩

個月來之會議紀錄及中央常會最近兩次之議事錄。於請假期中各種法令制定之經過，略窺其概。午餐後與四弟談話一小時。小睡至四時許起。陳醫來打針。寄辟塵一函，索購治眼疾之藥。秦振夫君來訪，言有台灣團體代表攜文至國防會請願云。夜八弟來談。熱甚，洗浴一次。十一時十分寢。

7月21日　星期日　陣雨　八十四度

八時起。閱報紙數種及參考消息等。接雪艇留函，謂政治局勢紛擾，宜盡力促使安定，囑余多所致力。蓋彼今日動身赴法參加巴黎和會也。今日氣候鬱悶，有陽光時則甚熱，而屢下陣雨，當下雨時則涼不可忍。余之骨節酸痛症又大作，且有發熱之象。十時後只能偃臥休息。十一時驪先來訪，未晤也。十二時卅分起而午餐，餐後又睡，至二時卅分起。然發熱之感覺仍未已，坐臥皆感疲乏無聊。傍晚鄭彥棻君來談，言明日去牯嶺。夜傅孟真君來辭行，談一小時去。十一時卅分寢。

7月22日　星期一　晴、陣雨　八十五度

八時卅分始起。昨夜睡眠又不甚佳，晨起後略有頭暈。九時國府紀念週，魏道明副院長宣誓就職。十時十五分舉行黨政小組會報，到屬生、道藩、化之、正鼎、增夫、驪先等十二人，鐵城主席，交換所得報告，並討論聯秘處之組織案。十二時散會，途中遇雨，到新樂也理髮廳

理髮，一時歸寓。與梁均默君通電話。午餐後小睡至三時卅分起。五時出席中央黨部小組審查會，討論政校及幹部學校歸併改制問題。六時卅分歸，盧逮曾君來談。俞欽來訪。夜大雷雨，十一時寢。

7月23日　星期二　晴　八十五度

九時許始起。昨夜睡眠甚不佳，初睡時連睡三小時，以後即未入睡，至七時又朦朧入夢也。午前批閱國防委員會文件多件。十一時吳文藻、徐敦璋兩參事來談，研究蒙古盟族自治方案及邊政部事，約二小時。一時應宋子文君之約，赴其北極閣私邸午餐，與談一小時餘。對其訴述困難，詳為慰解而鼓勵之。二時卅分午餐畢回寓，小睡又一小時餘始起。五時到吳秘書長寓所，舉行會談，到力子、厲生、浩徐、達詮、道藩諸人，決定對民盟函以口頭答覆。道藩、宗濂先後來談。九時晚餐。夜十一時寢。

7月24日　星期三　晴　八十五度

今晨有小病，疲頓骨酸，又貪睡而不能起，強起即頭暈，故不及出席中央常會，只得在家中休息也。十一時起床盥漱畢，謙五內弟來訪，談四明銀行事。此事極複雜，余早不願過問，今其股東間尚有餘波，不明真相，亦只得置之也。與謙五談家人事，其見解明達可喜。午餐後已將二時，以骨痛又睡臥一小時餘。校閱國防會文件。徐參事敦璋來談。研究盟族自治案，簽定報告一件。鄧、秦

兩組長來，為租賃職員宿舍事，未及親晤也。馮伯準世講
來談。夜十一時就寢。

7月25日　星期四　晴　八十五度

八時卅分起。骨痛之患仍如昨日，在寓僅能略閱書
報而已。作致六弟、辟塵、細、憐、皚諸兒各一函。又寄
趙棣華君一函，為季剛介紹新職務。十時五十分至國府舉
行聯合辦公，到鐵城、井塘、伯英諸人，交談約一小時。
旋至文官長室，與達詮商擬約見消夏之名單，至一時始回
寓午餐。餐畢小睡，至三時起。骨痛更甚，起坐為艱，
只得偃臥。傍晚八弟來談。晚餐前食香瓜一枚，胃部略
覺不舒。八時卅分朱經農君來談。十時魏伯楨君來談。
十二時寢。

7月26日　星期五　陰雨　八十一度

九時十分起。今日頭痛與筋骨酸痛大作，且有微
熱，竟體疲困無力，略起即復偃臥，然就睡之時亦覺甚不
舒適也。胃呆不思進飲食者已越旬餘，大便閉結，乃連服
瀉藥兩次。下午陳廣煜醫師來視，亦未能確言病狀也。今
日賓客來者仍多。上午謙五弟來談。正午吳文藻君來談司
徒大使對時局之觀察甚久。下午實之來談。白虹、子堅兩
君來談。四時陳修平（啟天）君來談。旋甘乃光次長來談
菲行經過及南洋狀況。夜食粥一盌。十時三刻寢。

7 月 27 日　星期六　陰、下午大雨　八十一度

九時十分起。閱雷副秘書長送來關於國民參政會之件，內容複雜，疑義滋多，甚難交辦，以電話與之接談，亦未商洽就緒。近來各機關遇事脫節，往往如此。十一時後又大感疲乏，腹瀉三次，係水瀉而不暢，腹部甚不舒。午餐勉食一盌，餐畢無力，只能偃臥休息，自覺有微熱，四肢酸痛異常，測之則為常溫，真莫名其妙之奇病也。三時後大雨傾盆，鬱熱陰潤，沉睡兩次，至傍晚六時始覺稍癒。接吳市長兩電。牯嶺來電話，囑約吳先生上山。夜十一時寢。

7 月 28 日　星期日　陰、下午雨　八十四度

八時卅分起。本擬明日飛牯嶺，以飛機無座位，展期一天。接芷町來電話，傳委座諭，囑轉約石曾先生上山避暑。十時道藩、井塘兩兄來談，攜來立夫一函，談時局補救辦法及充實本黨之要旨，約一小時。吳文藻君來談赴日之行之旨趣，並談司徒雷登之觀感。曹翼遠秘書來談，擬請更調工作。邱昌渭來談設計局事。最後林佛性同學來談立法院近況。前後見客三小時。一時卅分餐畢，乃覺倦甚，睡眠一小時餘，精神仍未復，迄夜猶極疲頹不振也。八時後孟海夫婦來訪，談至十時去。十二時寢。

7 月 29 日　星期一　晴、中午雨　八十五度

昨晚服藥不足量，清晨又患腹痛早醒，八時十五分

起。九時到國防會秘書廳，處理文件，與龢九、鍊才、振夫諸人談話。十時到國府（今日紀念週由張道藩報告東北觀察印象），參加黨政會報，到十四人。鐵城主席，交換各人意見後，議決關於地方組織與電影宣傳案各一件。出至文官處小坐，與白虹、實之略談歸，已十二時餘矣。忽患腹瀉，熱度亦增至卅七度三，自午至傍晚，精神極感疲倦。楊肇損君來訪，未見。梁均默兄今日下山來訪，談一小時。夜整物件。十一時寢。

7月30日　星期二　晴　八十四度

五時卅分醒，腹瀉一次，六時卅分又瀉一次，所瀉者不多，而腹痛殊劇。今日本已購定機票擬赴牯嶺，然既有腹疾，在途中當甚不便，以允默之勸，乃臨時中止動身。囑陶副官往機場，通知實之弟，囑其先行，並請代為報告。七時卅分後又酣睡二小時。十時卅分金誦盤醫師來診，斷為腸炎，投藥二種，囑連服之。今日自覺精神亦極疲，決定偃臥休息，不復起坐，亦不閱書報，並減食以免加重胃腸之負擔。夜俞欽來談。十一時寢。

7月31日　星期三　晴　八十八度

七時醒，九時卅分起。盥洗畢，閱本日之報紙。讀上海大公報之「紅毛長談」一文，是真所謂「造謠」「惑眾」，不知編輯人是何居心，乃揭載此荒謬無稽而含有毒素之文字也。到京一個月來，見輿論界之囂囂擾擾，新聞

記者之捕風捉影，知識水準與道德觀念均極端低落，處此
時局動亂，而報紙乃日日導人於惶惑錯誤，相激相因，其
結果不堪設想矣。今日腸患似稍痊，乃節食如昨日。午
後小睡二小時以上，多惡夢。夜三兒來談。十一時洗澡
就寢。

8月1日　星期四　晴　八十九度

晨八時卅分起。今日天氣轉熱，僅下午四時後略為透風，且下微雨，餘時均極悶熱，不下於上月第二週也。余之腸疾今日似已轉癒，但大便不通，已三日於茲。入今年以來，腸部之蠕動能力大減，雖食蔬菜鮮果，亦無用處，其原因當由於服安眠藥太久之故歟？聞牯嶺來人言，彼處水味多含鹹質，故上山者多患排泄不良之症，乃請教金誦盤醫師，購德國製之通便劑（譯名導便穀）一種，以備攜帶上山應用。憶十二年前初上廬山時，亦曾覺山中飲水有異味也。今日以天熱，而病未大癒，故未出外。僅作函數緘，通知友人及各機關寄件寄信之地址。又函劉壽朋、胡鎮隨兩君，託其協助運送留渝之公物回京。竺副官庸懦無能，祖望又百事不負責任，以至延遲迄今，猶無辦法，滋可慨嘆。午餐後小睡一小時餘，多離奇不快之夢。近來心緒之抑鬱煩亂，常於夢境中反映之。心緒之惡，無可比擬。五時後鬱熱更甚。閱文匯報馬敘倫、張絅伯二人之怪論，老婦猶思賣身，真可鄙也。盧滇生自渝回京，來談甚久。秀峯來談一小時餘。夜十一時就寢。

8月2日　星期五　晴　八十六度

六時卅分即起。今日動身赴牯嶺，七時卅分由寓出發，到明故宮機場，滇生、振夫、鶴九、祖楠諸君來送行，祖望亦送至機場。在機場與齊世英、錢公來諸君談話。晤金志和君，今日赴北平也。飛機遲到，與滇生談國

防會事，囑其一切慎重。並與談第三組之事。八時五十分飛機由滬來京，九時許與允默及陶副官同上飛機，機上有鄭毓秀君先在，倨傲高坐。余最厭惡其人，今日乃與之同機赴潯，可謂不巧之極。機行平穩，約一小時四十分到二套口機場。國府交際股長黃國雄來迎候，以吉普車至輪埠碼頭約數百碼即達，乘差輪渡江。十一時卅分到潯中農分行小坐，經理賀雨馨夫婦款接甚殷。雨馨邠縣人，與大哥同寓建陽，與我家為世交也。省吾下山來迎。君章乘船今晨到達。午餐後十二時卅分動身，一時抵蓮花洞，即雇山輿登山。途中風景依舊，僅村居略有毀損耳。過好漢坡，數之為六百八十級。到半山亭時，吳仕漢局長（龍武）與農行牯辦事處主任湯道梓（聘伊，湖北）來迎，二時五十分到牯嶺，寓河東路脂江路六號A。坐未定，中央日報記者二人來訪。旋約希聖來談一小時。滬、漢、贛之記者分兩批來訪，約八、九人。往謁委座，談卅分鐘歸。宏濤、聖芬來談。夜九時即寢。

8月3日　星期六　晴　七十八度

八時起。上山以後，氣候清涼，昨睡亦較酣適。晨起臨窗眺望山色，心胸為之一朗。九時芷町來訪，談來山以後對付新聞工作之情形。希聖來訪，談上月赴滬經過。李立侯來訪，談其出就贛民廳之抱負。江西教育界人士陳南士、李右襄、鄧起瑞來訪。九江電信局長董琳（延齡）亦來談，十二時卅分去。一時午餐畢，小睡一小時起。往

訪鼎丞先生，坐談半小時而歸。希聖再來談美軍受共軍襲
擊事。客去後，修改令稿一件，甚費力。七時卅分晚餐。
與默同至河西路散步。五十四號舊居已成廢墟，可慨。十
時五十分寢。

8月4日　星期日　晴　七十八度

八時卅分起。將通令整飭軍紀愛護人民之令稿繕
呈，並修改七月十八日講詞（對青年遠征軍幹部訓話）一
篇，至十時卅分工作完畢。閱本日中央日報及各報。今日
無飛機班機，京滬報多未到也。大公報記者孔昭愷來訪，
談一小時，對該報之態度，頗致針砭。十二時卅分應約到
官邸午餐，到雪冰、化之、滕傑、張元良、余紀忠、顧希
平等十人，與諸君談話，至二時卅分始歸。小憩未睡熟，
情緒不快。健羣、文亞、劍霞、胡惇、涂公遂等六人來
訪，談時局及國務。諸君去後，皮參軍宗敢來訪。與南京
教育部朱次長通電話（為美國文化協會邀我國學者講學
事），鼎丞先生來訪。夜與允默至街上散步。十一時寢。

8月5日　星期一　晴　八十度

八時卅分起。閒眺窗外，青峰朗日，精神為之一
爽。閱公私函札若干件，總務局副局長徐本生君來談，謂
石曾先生即將上山，稚公決計不來矣。又接六弟電，景韓
定八日上山，囑總務局接待。十時一刻往上中路訪季陶，
縱談世局，引春秋時齊、魯、鄭三國伐許為例，其所言極

有見地。並戒余一切事勿焦心，焦心有害無益，但應「當心」耳。余笑謂，當心太過即是焦心也。談至十二時卅分歸。一時午餐，聖芬來談。又轉致中央日報一函。四時沈昌煥來談。浩徐、祺新、曾觀光秘書、中宣部皮爾顧問及芷町來，共商對外宣傳事，六時始去。夜仍出外散步，至夏令營。十一時寢。

8月6日　星期二　晴　七十八度

八時十分起。盥洗畢，閱本日報紙。致力行日報社一函。九時宋院長子文來談黨報企業化後之管理問題，並談京滬輿論，言下對果、立二君頗有誤解之處。余為竭力解釋之。彭浩徐同來，談宣傳業務，十時卅分去。以電話囑芷町轉勸龔德柏君言論應慎重，不可輕惹國際糾紛。十一時後改正講稿（政工人員今後努力之要點——八月一日講）此篇記載草率，修整甚為費力。工作未畢，王芳舟主席來談，至十二時卅分始去。李中襄君來，未及接談也。午餐後小睡至三時卅分起。繼續修改講稿，至六時完畢。皮爾顧問與盧祺新來談。希聖來談。季陶來談，一小時去。余紀忠君來談東北事。夜允默赴蔣夫人之宴，聖芬夫婦來訪。十一時寢。

8月7日　星期三　晴　八十二度

七時五十分起。將昨日改正之講詞重加校閱。寄曹聖芬秘書一函，發夢麟、浩徐、驅先各一電，又覆唯果

電。審核總裁交辦中宣部關於國外宣傳及東北宣傳之呈件二件，簽註意見，即送呈。又整理大學校長等名單一件，交省吾繕正。十一時卅分志希來談，出示新詩一絕，有「女兒城上月，新畫半弓眉」，寫景畢肖，談至午餐後去。芷町之戚邱敬慎女士來訪。午餐後與芷町談約一小時。小睡起後，周惺老來訪。余忽患腹痛作瀉，且甚疲軟，不能作事。七時後因休息覺稍癒。與允默出外同游交蘆橋，九時歸。夜十一時卅分寢。

8月8日　星期四　晴、下午大雨　七十九度

七時五十分起。昨晚睡後胃部不安，至一時以後始入睡，故今晨起床後精神殊疲倦。早餐畢閱報，作函二緘，並將昨日寫就之簽呈附名單呈上。因委座擬約教育界及社會名流來牯談話也。十時以後忽覺胃中又有嘔吐之感覺，且覺頭暈，乃就床休憩，睡至十二時起。午餐後，略閱文件，又小睡一小時餘，至三時起。研究八一四文告之要點，並約希聖來商談。六時聞景韓、叔明上山，往訪於鄱陽路，在途相遇，乃邀之來寓晚餐。景韓今日甚健談，興趣極佳，談至九時卅分始去。十一時寢。

8月9日　星期五　晴、下午陰、陣雨

八時十分起。昨晚睡眠頗酣足，晨起精神較爽。檢閱舊時文告，考慮八一四文字之內容與措詞。上午同鄉嚴友君來訪，下午鶴皋來訪，均託允默代見之。李敬齋、顧

希平、余紀忠來訪，皆未接晤。十一時往謁委座，商談文告之內容，並報告他事。十二時一刻回寓，與希聖談話。希聖代擬一初稿來，先囑省吾抄正。一時午餐，餐畢午睡，至二時三刻起。四時後閱希聖之稿，為之補充修整。但腦筋極疲鈍，進行甚緩。晚餐後散步半小時，休息一小時。十時後勉強動筆，一時始完稿。即就寢。

8 月 10 日　星期六　晴、有陣雨

七時卅分起。將繕正之文稿校閱，自覺不能滿意，只得先行送呈。九時後覺疲甚，方擬小睡，而經國來訪，略談十餘分鐘。旋沈昌煥秘書來，接洽翻譯文件。十時卅分辭修伉儷來訪。辭修極健談，約一小時始辭去。俞濟時、石祖德兩君來訪。上午遂不得寧息。一時午餐，委座約往談，以文稿交回，命再補充修正。回寓後小睡至三時即起，心思散亂，至五時始動筆修改。六時接孝炎電話，報告馬歇爾、司徒發表談話。事出突然，聞之甚為詫惜。八時往見委座面陳。回寓後又與孝炎等通電話。十時以後始得進行工作，而疲乏已甚，進程異常緩慢。下半篇重寫一過，直至二時始完稿，就寢。

8 月 11 日　星期日　晴、中午大雨、下午陰

八時即起。昨晚睡眠殊不足也。將二度修正之文稿再為校閱，送呈時已上午九時十五分矣。與君章接洽發表之準備。十時卅分景韓、叔明兩君過談，景韓之雍容瀟

灑，真可羨佩，惜余不能學耳。吳達詮君昨日上山，適亦
來訪，略談即去。希聖亦來，討論馬歇爾發表聲明事。
十一時三刻往見委座，已將文告又加改潤，命再整理。
十二時卅分到官邸午餐，同座除陳、李、吳三人外，賴景
瑚、蔡孟堅亦參加。二時卅分回寓，午睡未熟，四時起，
將文稿作第三次修正，八時工作完畢。晚餐後到中路散
步。夜十一時就寢。

8月12日　星期一　晴、下午陰、夜大雨

八時十五分起。昨晚睡眠不安，或因藥品歷時太
久，已失效用之故。九時早餐後，將繕正之文稿校閱。十
時委座又有兩次手諭，指示補充意見，實則於實質方面無
甚關係，再四思索，強為加入。希聖攜皮爾顧問意見三點
來談，其所建議甚有見地，即囑其先將英譯定稿，而就中
文稿中再採入補正之，十二時始送呈。疲倦實甚。一時午
餐，餐畢午睡，多夢，未及一小時即醒。閱美國廣播稿一
件，接閱公私函札數件，發致均默一電。六時委座又將修
改稿交下，點竄甚多，整理異常費力。如此工作，真非可
久任也，感慨無已。夜十二時就寢。

8月13日　星期二　雨

六時三刻起。以文稿未奉最後核定，時間迫促，心
極焦慮。八時卅分到官邸催詢，旋於九時委座出見，將文
告交下，又有兩處修改，即攜歸寓校繕，於十時面交中央

社胡計威君拍發。十時卅分立夫來訪，暢談一小時許而去。陸鏗及南京人報、新民報記者各一人來寓，閱索文稿，省吾竟交與閱看，余甚惡彼等不知輕重，嚴詞規戒，不免有過分之言。實亦由於此次草擬文告，輾轉修正，費時太多，內心感受不快，故流露於不自覺也。午餐後小睡，至三時起。果夫來訪，詳談其對於發展合作事業之見解。傍晚與南京通電話，約希聖來談。發申報一電。夜官邸會餐，商土地金融等事。十時歸，曾慕韓來訪，談一小時餘而去。十一時寢。

8 月 14 日　星期三　雨

七時卅分醒，以連日疲勞，不欲遽起。今晨九時果夫約集之會亦未出席，重睡至十時後始起。閱中央日報盧版所載文告及社評，甚佩希聖處理之用心，如此同志，不易多得也。處理公私函札七件，發致巴黎王外長一電（覆告馬、司發表新聞事），午餐時心緒仍抑鬱不舒，食量減少。飯後一時就睡，多夢，三時起。賴璉來談。四時到官邸陪江西學術講習會諸君茶會，晤程柏廬、陳鶴琴、陳科美、譚炳訓諸舊友。曾琦謁委座，余未作陪。出遇蔣夫人於門口，堅欲我為之代寫「中國十年」一文，薦志希代寫，不獲同意，甚悵悵。夜十一時寢。

8 月 15 日　星期四　大雨大霧

昨晚服藥後眩暈嘔吐，胃部不寧，想以服量太多之

故。今晨六時醒一次，八時起。但睡意未消，閱報後仍覺
疲軟有眩暈之感。因此謝客再睡，十一時卅分起。作函致
六弟。十二時卅分午餐後，又睡一小時餘。延熊醫官來打
針，並診胃疾。四時希聖來談。葉秀峯君來訪，未及接
晤。五時叔明、景韓來，叔明與余談農行事，兼及土地金
融與國醫整理事。景韓託薛君（仙舟先生之女公子）事。
鶴皋來談甚久。旋陳鶴琴及其友劉于良來談。與南京通電
話。與實之談話。夜無力作事。十一時寢。

8月16日　星期五　陰霧、下午晴

八時起。體力精神仍異常衰疲，幾於不能作事，客
來談話亦甚勉強也。心中積擱著許多事未做，而毫無氣
力，以致舊工作未理清，而新者又堆疊而來，此痛苦不堪
為外人道也。洪君勉君來談一小時，周秘書宏濤來談半小
時。十一時三刻實不能支，勉強就睡一小時稍癒。胃部不
寧，然亦不思食，僅食粥兩碗而已。飯後二時再睡，至三
時卅分起。胡計威君偕陳丙一及力行日報記者王敍華來
談。客去後，料理文件四、五件。委座約往談，交下關於
國民大會之研究件。慕韓來長談，九時始去。夜寫報告一
件。十一時寢。

8月17日　星期六　陰、下午晴

八時卅分起。閱公私函電七件，研究國民大會召開
以前之準備事項，簽覆關於民國日報之件。十時一刻希聖

來談關於各黨派聯絡之意見。十時三刻立夫來談。十一時與立夫、希聖同至上中路一二一號訪吳達詮君，談商憲法案及改組政府案。十二時卅分回寓，一時到官邸午餐。同席有曾琦、驤先、雲五、景韓等七人，餐畢偕達詮向委座報告上午商談情形。二時卅分歸，小睡二次，客來均謝絕。頭痛不止，精神倦怠不舒。傍晚閱杜魯門致委座函，甚感不快。晚餐後改講稿一件。致蔣夫人函。十一時寢。

8月18日　星期日　晴、下午陰

昨晚睡中多惡夢，精神不寧，九時卅分始起。宏濤夫婦來余寓，約君章等去游山。十時葉秀峯來談局務，繁瑣異常，聽之甚為費力。果夫、勉成二君來談土地、金融與合作事業之推進，約一小時餘去。驤先偕陸翰芹、周友端來訪，談教育經費事甚久。同鄉嚴友君居士來訪。正午羅志希君來談，飯後一小時始去。今日見客太多，大覺頭痛。一時卅分小憩，至三時始起。呼匠理髮，意在袪除煩慮。希聖來談時局。五時後改講稿一件。發函四緘。六時冷榮安同志來談，八時去。夜十一時寢。

8月19日　星期一　晴、夜雨

八時卅分起。九時石曾先生過訪，談一小時，詢余身體狀況，勸余素食，並減吸紙煙。後者擬試行之，前者則未能實行也。希聖來談一小時，並條陳對時局、對外意見，即為轉呈。今日閱報載彭部長宣佈調整外匯匯率及

廢止出口稅，或不失為重要經濟措施之一，然恐物價高漲
之副作用又不能免耳。頭痛較昨日更頻而烈，心緒尤極惡
劣。上午章益修來訪，下午鶴皋來，均未延接也。午餐後
小睡不寧，屢起屢睡，疲乏與緊張相並而至，至為痛苦。
五時委座約往談，達詮同往，商覆杜魯門十一日來電。余
辭不達意，未盡所言也。七時出外散步，八時卅分歸。夜
十一時寢。

8月20日　星期二　晴、轉涼

八時起。昨晚睡眠甚酣適，近日大便暢通，惟頭痛
未止，不知何故。十時力行日報發行人嚴一民（江蘇鎮
江）來訪，為果夫先生所介紹，談四十五分鐘去。鼎丞先
生來訪，談時局，對余多慰藉之詞。上委座及夫人各一
函，陳明近來身體衰疲，不能擔任文字之撰寫，請向英國
Encyclopedia Britainnica 之編輯人謝絕徵稿。一時午餐後
小睡，二時即起。辦發王外長電，將委座覆杜總統之原電
轉告之。四時奉召往官邸，委座仍命撰中日戰事經過一
文，謂可約志希代撰，略談歸。知志希已下山，乃約希聖
囑其代寫。天放來談甚久，云明日下山矣。鶴皋來談，至
八時始去。夜寫寄細、憐、辟塵各一函。十一時卅分寢。

8月21日　星期三　晴

九時起。以委座及夫人仍欲各撰「中日戰事」及「十
年來之中國」，時迫事冗，恐萬萬不能如期脫稿，使余心

頭之重壓仍不能去，至為悵悒。起床早餐畢，先將覆杜函英文稿親自繕存一份。又閱參考消息等若干件。十時希聖來談，面囑其代為起草「中日戰爭」一文，商量內容體例，並將主要材料檢集面交參考。閱關於三民主義青年團之舊日文稿及關於訓練方面之論文。下午小睡起，呈報告一件。閱革新周刊三期。接均默函，知又赴粵，甚悵。六時偕允默出外散步，往訪景韓。七時同至官邸會餐，九時歸。十一時就寢。

8月22日　星期四　晴、下午熱

八時五十分起。閱延安廣播，對主席八一四文告極盡詆辱，近日中共劍拔弩張之宣傳攻勢與其日益擴大之軍事行動相配合，殊可注意。上午閱公私文件，發滇生一函，覆柏廬、幼炯各一函。致志希電，請其即來山上。又接洽雜事數事，知道藩喪母，去電慰唁。午後小睡，似沉睡而又多夢，醒後極疲乏，神經不寧已極。昨、今兩日精神似稍佳，作事仍無力也。傍晚立夫來訪談國大事及時局，一小時去。致慶蕃、益弟各一函。託私事。七時外出散步，八時歸。夜唐乃建君來談其職務上之規劃，宏濤同來。張壽賢兄來訪。十一時寢。

8月23日　星期五　晴、下午熱

八時三刻起。今日夏令營結業，未及參加。閱京滬各報載，中共延安廣播，動員「解放區」人民，對國軍作

自衛戰爭。和平之希望更趨黯淡矣。十一時希聖來談。旋芷町來訪，談回滬時所見聞種種，十二時一刻去。午餐後小睡，至三時起。研究國大開會以前應準備各事，擬託立夫明日下山轉達。今日頭痛甚劇，服「凡拉蒙」一丸半，又感嘔吐不寧，甚為狼狽。五時卅分到官邸，先與鴻鈞、乃建諸人談話，繼與立夫同進謁，談一小時許而出。與默自山徑登中路散步，至八時半歸。夜榮安來談。十一時卅分寢。

8月24日　星期六　晴、甚熱　今日處暑

八時五十分起。昨晚未服安眠藥，睡眠稍遜，但亦居然能睡，惟屢醒耳。馬歇爾昨日第五次上牯嶺，想必有重大之建議。委座近日之艱難痛苦，可想而知矣。閱參訊及參考資料數件，處理公私函件四件。俞部長鴻鈞來訪，談二十五分鐘去。今日上午冷榮安來辭行，余未起床，未接談也。午餐後小睡，與南京寓中通電話，知翁秘書尚未歸也。下午閱交件審查之童軍總會件。陳景韓先生來訪，談其自幼年求學至進入新聞界服務之經過。皮參軍宗敢來談。七時卅分訪志希，同出散步，九時卅分歸。與彭部長通電話。十二時寢。

8月25日　星期日　晴、甚熱

九時二十五分起。昨晚雖服藥，而心緒不寧諡，整夜似睡非睡，凌晨即醒，疲煩異常，不欲遽起勉強合眼，

至九時餘乃起。盥漱進早餐後，料理雜務數件，發函三緘，致力行日報函，糾正其社論之錯謬。希聖來，談文稿事及時局。志希亦來商談百科全書徵文之內容與性質。余至此始悟過去怠忽誤解，並延未準備之錯誤，悔疚無任。然時日迫促，已恐無術補救矣。為皮宗敢參軍題字，期以遠大。午餐後神經興奮，小睡竟未熟。景韓來談，甚久而去。今日頭痛腦暈，神思不能集中，週身疲乏。傍晚六時偕默外出散步。夜洗足，十一時寢。

8 月 26 日　星期一　陰、轉涼

九時起。閱中央社發布之民盟聲明（下午接續電全文，知發表時頗有刪節不當之處）。辦理雜務，致潘序倫、何西亞各一函。十時希聖來談，將於明日回京，述其對時局之意見，十一時去。沈昌煥秘書來，談蔣夫人應徵百科全書擬撰文字之綱領，商討甚久，至一時始去。午餐後小睡又未熟，幸今日天氣轉涼，未感十分疲倦。今日青年團在山幹事會，請假未赴會。閱希聖撰「中日戰爭」初稿，大體上翻閱一過，覺尚有應補正者。發電五則，徵集材料。簽覆童軍總會座談紀錄之審核意見一件，六時完畢。希聖見委座後再來談，晚餐後十時，奉召與希聖謁委座，十一時後就寢。

8 月 27 日　星期二　陰

九時起。以民盟對記者談話稿摘繕呈閱。十時卅分

往見蔣夫人，商談夫人對百科全書應徵文稿之內容。夫人謂已去電延展交稿之日期，並謂彼擬撰一文，為「十年來之中國」，已著手準備云。嗣又謁見委座，談昨夜致函鐵城先生事，奉面示，應告彭部長注意，駁斥中共與民盟最近之宣傳。十二時歸，中央日報陸鏗來訪。午餐後小睡未熟，精神不佳。四時寫寄彭部長一長電，六時發出，再以電話告之。志希來，商起草文稿事，談一小時以上。黃季陸君自川來山，亦來訪談，滔滔不斷，達兩小時餘。十時後稍息，十一時寢。

8月28日　星期三　晴、下午晴

昨晚睡眠極不佳（失眠已有五天，不知其原因何在）。清晨早醒，而倦甚，九時五十分始起。閱報紙及參訊，並處理雜件畢，疲極不能久坐，十一時後再睡，又未入睡。十二時卅分午餐畢，閱要件一件。服Ipral 兩丸，二時再睡，至四時起。發電請力子先生來山。五時卅分到官邸謁委座，與經國同入見，報告與南京電洽各事。奉交下關於「團的改造」及「黨政軍權與實行經濟政策芻議」（卿汝楫君擬呈）命加以研究。歸寓後，與彭部長通電話。夜詳閱交下之件。十一時寢。

8月29日　星期四　晴

昨晚一時後始入睡，今晨六時卅分醒，續睡至八時卅分起。將團的改造方案詳加籤註，於十一時呈核。中央

日報陸鏗來函，告今日回京。十二時志希伉儷來訪，志希
與余商「中日戰爭」論文之內容，一時始去。午餐後小
睡，至三時起，乃小坐後又感疲倦，不得以再偃臥休息一
小時。接祖望來信，兼藥物，又接遲兒五月二十四日來
函。傍晚簽覆卿汝楫之條陳，跡近應付公事，然亦無可如
何也。六時往訪季陶，談至九時歸。墨三總司令來訪。
十一時卅分寢。

8 月 30 日　星期五　晴、燠熱

八時卅分起。九時到夏令營，出席青年團第四次幹
事會議。先在休息室與君山、文亞、茂如、西谷、南軒、
定安諸君敘談，以等候團長不至，十時十分行開會式。余
被推為主席，領導行禮後，接開預備會，又被推為主席團
七人之一。至十時卅分開正式會，君山主席，十二時會畢
歸寓。午餐後已一小時，小睡未熟，二時即起。致中央日
報一函，三時再至團部，出席第二次會，討論兩案。由陳
雪屏主席。五時卅分委座約往談，詢團部事，並面囑起草
九月一日代表大會開幕詞。以頭暈未動筆。夜鐵城、厲
生、蘭友來談。十二時寢。

8 月 31 日　星期六　晴、悶熱

七時五十分起。人尚疲倦，因須預備文字，胸中牽
掛，故不能再入睡也。八時卅分盥洗早餐畢，閱本日之中
央日報，知中共之宣傳攻勢與軍事攻勢同時加緊，其對於

美方提議討論國府改組案之五人會議，當必另提種種難題，以延緩談判之進行矣。九時後起草三民主義青年團開會詞要點，由第一次代表大會時說起，將三十二年三月間之情形與現在情形作一對比，指出此次會議性質與任務之重要；然後就一年來之國際形勢作一檢討，歷敘自倫敦外長會議至巴黎和會之變遷，證明中國已因共黨引起戰亂分裂而國際地位為之降低；繼又說明當前最緊急之國是為完成統一之加緊建國，凡在國民，均應以積極精神從事實行動上求自立自奮之道；末段以勉勵青年轉移風氣作結。全文寫成時已在下午二時，先後執筆六小時，文固草率凌亂，而精神則疲憊極矣。草草進餐後，午睡未熟，三時起。約熊醫官來打針。力子先生來談。旋楊玉清君來談。朱經農君亦同時見訪。會客時間太長，又感頭暈。傍晚聖芬來談。晚餐後接浩徐兩函。皮參軍來談甚久。十一時寢。

9月1日　星期日　晴、下午甚熱

八時起（昨晚中夜忽醒，久久不睡，又服藥一丸乃睡）。八時五十分到傳習學舍，出席青年團全國代表大會。先與季陶、達詮等略談。九時十分典禮開始，委座親自主持開會式，並致極懇切之開會詞，歷時一小時有餘。十一時會畢，余甚感疲倦，乃先歸寓休息。囑君章摘開幕詞要點，以備發表。午餐後睡未熟，思慮甚繁。作函三緘，發電一件。四時核定發表件。五時與鐵城、厲生、力子、達詮往謁委座，談一小時餘。七時與諸君同至胡金芳，參加記者節慶祝會。十時歸，十一時卅分寢。

9月2日　星期一　晴、甚熱、夜有風

今晨疲甚需休息，九時十分始起。上午之大會未往參加，聞因選票疑義發生問題，後經請示團長決定，乃息止爭議，殊不幸也。閱芷町送來文件二件，洪君勉、胡木蘭兩君來訪。正午十二時卅分到官邸午餐，同席者有張伯希市長及青年團東北支團部各單位代表十四人。餐畢，委座分別詢各人意見甚詳，二時卅分始歸。小睡仍未熟，心緒甚繁。閱王于一文集。傍晚驂先部長來談，至八時四十分始去。夜九時半井塘、正鼎兩君來談，十一時去。十二時寢。

9月3日　星期二　晴、甚熱

八時五十分始起。昨晚睡眠仍不佳，今晨矇矓間腦

中所反映者多錯綜複雜之意象，余之神經脆弱更進一步矣。奈何奈何！午前閱報，並研究當前應辦之事。李迪俊司長來電話約見，但待至正午未到，後知已下山矣。十二時卅分到官邸午餐，在座者冀、魯、平、津、綏、寧、渝、滬青年團代表十二人。委座仍令個別報告。餐前並接見朱經農次長。二時卅分歸，小睡未熟。四時志希攜擬撰文件之大綱來商，仍覺複雜凌亂，暫留待研究。志希健談，直至六時始去。天熱甚，洗澡後稍覺舒爽。委座約往談，以青年團文件交下。夜張曉峯來談甚久。十二時寢。

9月4日　星期三　晴、仍燥熱

八時卅分起。閱公私函件五件，研究委座昨晚交下之件，端緒紛繁，關係重大，殊覺無從入手。亦因昨夜與友人談話太多太長，今日腦力極端疲滯，故不能用心也。午餐時未去官邸，今日委座仍約見青年團代表，余只得請假矣。餐後小睡，自一時卅分睡至二時三刻凡醒三次，三時不欲再睡，起而工作。將團部改組案及團綱等審閱修改，簽註意見，於六時卅分完畢。戴公、周公來訪，胡木蘭再來談，七時卅分寒操、化之諸君來談。八時到官邸晚餐，委座宴主席團諸君。歸，料理文件二件。十一時寢。

9月5日　星期四　晴、下午陣雨

八時卅分起。昨晚睡眠較酣適，以服藥適量故也。

早餐後閱參考消息多件，處理公私函札五件，正午十二時到官邸參加午餐。今日委座約集團部中央幹監事十四人，敘談對團之性質與今後工作，聽取諸人之意見。二時餐畢歸寓，小睡三時十五分。曉峯來訪，與之同赴大會出席宣言起草委員會。四時卅分散會，到中路五十七號訪立夫，知其傷風已癒，談一小時餘。出遇大雨。旋往訪辭修，彼今日上山，來客甚多，談至七時卅分辭出。途中遇委座，陪同散步半小時。八時卅分歸晚餐。夜十一時卅分就寢。

9月6日　星期五　陰晴、下午仍炎熱

八時十五分。盥洗畢，參加青年團代表大會，聽取對於團的性質及地位之檢討。委座於十時亦親蒞會場主持。今日發言者甚踴躍。上午發言者八人中，有五人主張將團改為獨立性的政治組織。但委座之意以為不可。下午續開大會，余未往出席。六時曹聖芬同志來談，委座對團的改造方針有詳盡指示，人意為將黨與團之工作劃分，俾不相重複。但一般團員青年，切不可以一時黨外之毀蔑而否認黨的傳統云云。此一問題擾擾者已將匝月，今後或有較明晰妥當之決定也。傍晚奉命擬電稿，但心緒甚繁，最後請示，改交芷町撰擬。夜漢平來談四十分鐘。九時卅分謁委座，奉交下研究件。十二時寢。

9月7日　星期六　晴、下午仍熱

七時五十分起。昨晚睡眠仍不佳，事務日繁，腦筋凌雜，雖服藥亦無益也。致函數緘，均為接洽青年團大會事。九時約張曉峯兄來談，請其撰擬報告案（關於新中國建設實驗區者），略談即去。研究委座交下之團員服務項目等件，整理而修改之。午十二時陳辭修君來訪，以團的改組方案請其閱讀，詳談一小時而去。一時卅分午餐畢，小睡未曾合眼。三時起，將改組方案略加修正交繕。七時稍作休息。夜約經國、辭修、君山、彥棻同商方案，交換意見甚詳。至一時後與彥棻再詳酌。二時卅分寢。

9月8日　星期日　陰晴

七時卅分起（昨晚三時始入睡，今晨六時即醒，不能復睡）。就昨晚之件再加校閱，簽註說明，於九時卅分送呈核閱。今日代表大會紀念週因之不克參加。疲勞異常，而頭暈特甚。十時卅分後小睡，亦僅合眼十餘分鐘而已。十二時三刻起，芷町來談，為核閱電稿一件。周策縱來述今日委座訓詞之概略，擬摘要發表新聞。午後小睡，仍不能睡。閱公私文件七件，核正講稿（對幹監聯席會訓詞）一件。夜至青年團參加宣言起草委員會，決定由楊玉清起初稿。十一時歸，即寢。

9月9日　星期一　晴

昨晚自一時至四時沉睡四小時，旋即屢醒。近日思

慮紛雜，影響睡眠不淺也。八時十分起，閱宣傳部寄來之件及延安廣播等件，處理公私函札四件。十時一刻騮先來談現時教育行政之困難及教育方面待推進之事，甚為繁多，殊感人才、物力，尤其國家財力之不夠應付，長談至十二時始去。聽之真覺疲極。一時午餐畢，請熊醫來打針。小睡不成眠。三時到團部，出席宣言起草委會，初稿仍未完善，再推玉清整理。六時歸，悵惘徬徨，精力毫無，以至不能作事。晚餐後，十時即就寢。

9 月 10 日　星期二　晴

八時卅分起。昨晚亦僅睡四小時不足，其餘時間均在半醒半睡之狀態中。連日精力疲勞，神經緊張已超過限度矣。早餐後，芷町來辭行，今日下山回京。與倪文亞君通電話。囑省吾準備繕寫工作。君章昨晚忽發熱甚高，今日猶未退淨，延醫為之診治。十時玉清、曉峯兩兄攜宣言草案稿來，共同商酌，大半採用梁均默兄之稿，並為斟酌改定之。十時卅分到官邸謁談，十五分鐘歸。繼續工作至一時，始將全稿校改完畢。午餐後精神實疲甚，而仍不入睡。三時起，閱參考件。五時卅分到官邸會談，到騮先等二十八人。六時五十分歸。委座將宣言稿交下，命補充三段，夜力疾撰寫，直至二時始寢。

9 月 11 日　星期三　陰晴

七時四十分起（昨晚三時入睡，五時半即醒，實際

只睡三小時不足）。將昨晚補正之宣言稿校讀呈閱。文既支蔓，意亦庸雜，殊覺不能滿意。十時委座約往談，又加新意，命再補充。攜歸再改，至十二時攜稿親呈。誰知又有文字上之整理，一時歸寓，即為趕辦，於一時三刻送倪秘書長。午餐後小睡，不能合眼，心煩已極，起服LUMINAL 0.2 一丸，四時後發生作用。但電話屢響，五時三刻委座又約往談，對改正稿更有十餘處之文字修改，並補充一段，余心不謂可，但彼意必欲加入，歸寓後勉為加入，仍上書陳所見，請其再考慮，恐未必採納也。夜未作事。十時就寢。

9月12日　星期四　陰晴、燠熱

七時起。今日青年團代表大會開幕，余前往參加，於八時前到會場，與寒操、玉清諸人談話。九時開會，討論宣言，代表中提請更改者五、六處。寒操今日先下山，余與俊龍、玉清兩兄就會場旁室斟酌修改之。委座索閱修改稿，又奉核改交下。至十一時卅分行閉幕典禮，由李俊龍宣讀宣言，主席宣佈幹監事當選名單，致簡單訓詞，十二時卅分會畢。委座約見於休息室，又審閱宣言稿一次，可見其重視甚矣。而余等竟以匆促疲繁未能妥為修潤，殊自愧也。一時歸寓午餐畢，以接洽發稿等事，小睡仍不寧，只得強起。覓古文詞一本讀之。黃季陸兄來訪，談川事，約三刻鐘去。傍晚理髮。夜略閱函件，致彭部長電。十一時寢。

9月13日　星期五　陰晴

八時卅分起。今日余甚疲勞，實非完全休息一天不可。上午九時青年團舉行第二屆幹事會議。奉諭前屆幹事應列席，余竟不及參加，蓋精力實不勝也。早餐畢，略閱今日報紙及參考件。十一時後不能支坐，小睡四十分鐘。十二時午餐畢，又睡，然心緒繁亂如麻，頭痛甚劇，兩次均未能入睡。三時後力疾修改講稿二件（一、青年團性質與工作方針；二、青年團與社會基層建設），此兩件記載草率，修改甚費力，閱二小時半始畢。閱志希所撰「中日戰爭」初稿。晚餐後九時約志希來談，十一時始去。服藥就寢。

9月14日　星期六　陰晴、下午雨

八時卅分起。繼續校閱「中日戰爭」初稿，覺志希此文敘述謹嚴，篇幅緊縮，但前段似太冗長。然余已不暇為之修潤也。團部今日仍舉行幹監事會議，聞已決定以彥棻、守謙為副書記長。委座對團希望至殷，惟望此後能革新作風，以求進步耳。午餐後小睡起，憶昨晚南京電話，想及京寓諸事，甚為不怡。接彭部長來兩電，又接道藩兄來函。五時大雨，往見委座，與雪屏、經國同進見，請示行期。六時卅分歸，夜徬徨悵惘，精神甚不佳。十一時就寢。

9月15日　星期日　陰晴、下午雨

八時卅分起。兩日來口腔略有發炎，牙床浮腫，今日似稍瘥矣。原定明日回京，允默見余如此疲勞，恐下山以後工作緊張，且聞委座展緩行期，故勸余再住兩天。與徐副局長通電話後，決定明日令君章先歸。十時昌煥、聖芬、策縱三君來談對青年團之觀感。十一時委座約往談，對新聞報十三日登載青年團新聞，割裂片段，甚為不滿。又諭詢中央黨部工作同志遣散之情形。十二時歸，發致鐵城一電。又致滄波航函一緘。下午徬徨疲累，至五時小睡半小時後，始稍癒。夜作四弟及芷町各一函。略作後，十時就寢。

9月16日　星期一　陰、下午晴、稍涼

八時五十分起。昨夜睡眠尚佳，今晨精神略好。寫寄亮疇先生、憐女、皚、明、樂、皋兒各一函。又發出致友人函（寄道藩一信、慰其母喪）。擬函張其昀兄，告以委座盼來京工作之事，屢書而未就。以委座意志尚未明瞭，以余所見，則最好請其來京擔任文字及編纂工作也。午餐後小睡至一時卅分起，僅睡一小時，而精神甚舒爽。今日決心休息，不作事，坐廊下觀山色，與默閒談。至五時許，陽光極好，乃與默同出外散步。到傳習學舍折回，循中路而歸。夜與申報館通長途電話。十一時寢。

9月17日　星期二　陰霧、有陣雨

九時十五分始起。其實七時餘即已醒，而因疲勞骨痛，又致晏起。衰象日增，洵屬無可如何也。已定明日下山，今日結束在山諸事。十時卅分發電四緘後，往訪俞濟時局長於十四號，適王主席舟芳在座，相與傾談。已而濃霧大雨，至十二時許乘山輿而歸。午餐後小睡，不甚酣，夢寐中腦際又湧現繁雜紛紜之感象，醒後憶之，實無此事。近來常有此象，深恐神經錯亂，頗以為憂。起後服SARIDON 一片，頭痛稍癒。整理文件裝入箱篋。致曉峯一長函，又致良英甥一函。下午大霧瀰漫，殊感不適。傍晚謁委座辭別，留函夫人。夜整理物件，與鐵城通電話。十一時寢。

9月18日　星期三　陰、小雨、下午晴　七十四度

七時五十分起。盥洗畢，濟時、宏濤兩兄來送行，談四十分鐘。本生、廣陛亦來送行，農行湯廷梓（聯伊）兄欲送余下山，婉卻之。九時卅分動身，過中央社，與胡計威君握別。山輿行極快，約一小時又十五分即到蓮花洞，乘小車到九江農民銀行何雨馨家小憩。何君夫婦殷殷招待午餐，可感也。餐畢小睡不成眠。允默出外購備磁器。二時歸，即渡江到二套口機場。適下大雨，三時卅分乘中航機歸京，五時到明故宮機場。滇生、芷町、漢平諸友均來迎，六時歸湖南路寓所。與竺聖章君談別後情形。夜希聖來長談。至十一時寢。

9月19日　星期四　晴　七十七度

八時卅分起。竺聖章君來談，在渝行李文件等已全部運回，蓋延滯四個月之久，真不料復員艱難至此也。致何雨馨君一函，謝其在潯招待之盛意。校閱論文稿件，囑君章送志希酌改。十時十五分到國府會議室，與鐵、達、立、井、厲、蘭諸兄同商國民大會事。十二時卅分歸，午餐後小睡至三時許起。張彝鼎君來談，中央社記者彭清來訪（周楊淑慧來訪允默，允默兩次拒見之）。五時卅分鄭彥棻君來訪。六時卅分彭浩徐君來訪。傍晚澤永自滬來。夜閱報，十一時芷町來談。十二時就寢。

9月20日　星期五　上午晴、下午陰　七十度

今晨又感疲倦，九時卅分始起。補記日記畢，閱公私函札十餘件，不及一一作覆矣。陳次仲、彭震寰兩君來談。次仲為余談法制專門委員會近來情形，約一小時許而去。向午朱經農君來談，其意欲辭中央團部之職務，而仍保留中央監委。十二時午餐後，忽覺發冷，蓋神經仍極脆弱，對氣候變化感應太敏也。允默外出訪戚友，余在家小睡甚久，至三時卅分始起。芷町來談一小時餘而去。續閱公私函件，意緒甚繁。傍晚皓兒來，言將回鄉參加祭奠祖母。夜十一時卅分寢。

9月21日　星期六　雨　六十六度

八時卅分起。今日秋雨甚大，室外多風，氣候驟

涼，余體弱不勝寒，雖加衣亦不覺暖，今年之衰，真出意計之外矣。閱報知委座已下山，赴南昌，想明後日當可回京。志希所擬「中日戰爭」一文，今日由彼自行修改後交繕。十一時謙五弟來訪，談卅分鐘去。請陳醫官來打針。余為憐兒轉業及滬寓訂租未成等事甚感心繁。今日精神較昨日更委頓，以電話約憐女明日來京面談。午餐後小睡亦未熟，只與允默閒談以解憂耳。四時唯果兄來訪，談東北軍政各事，約兩小時而去。夜仍無力作事。十一時卅分寢。

9 月 22 日　星期日　陰、下午晴　七十三度

九時起。昨晚睡眠極不佳，中宵醒四、五次，矇矓中多錯雜紛紜之夢境，迄起床以後，猶感頭痛欲裂。近日身體情形如此，真人世所最痛苦者也。滬寓房屋未定，永甥為向中央信託局洽租其他一宅，聞中多糾紛。致函六弟，擬謝絕之，免使外間謠傳，以為余一人欲兩處住宅。向午八弟來談，以此意告之。午餐後小睡未能合眼，二時起。送澤永動身後，切囑其不可進行。憐女自滬來，商擬改就學校教師，將赴北平。余殊不願其遠行。謙五弟偕五嫂、七嫂等來談，傍晚始去。夜與家人談話。十時三刻寢。

9 月 23 日　星期一　晴　七十七度

九時起。昨晚睡眠較佳，但連日精神極度衰疲，神

經脆弱異常，略有考慮不決之事，即感怔忡心繁。而右腕
顫弱，四肢酸痛，亦連續併發，病態實甚顯著，無法克
服，深以為苦。今日為憐女職業問題、曉峯兄來京工作問
題、王秘書長來函告已呈請辭職等問題，均使余感覺無法
解決，因之竟日愁煩不置，而作事毫無氣力，積擱之件均
無法著手辦理。午餐後小睡亦極不寧，延請鈕醫官來打
「治目疾」之針劑。下午滇生來談。毓麟夫婦過訪。晚正
鼎來談。十一時就寢。

9月24日　星期二　晴　七十七度

九時卅分始起。今日天氣暢晴，室內有陽光照射
處，氣溫增高，幸尚有風，不十分燠熱。余之身體迄無痙
癔現象，心思之繁亂錯雜不可名狀，昨晚約僅睡四小時左
右，而夢境離奇，完全反映日間憂悵之情緒。腦病如此嚴
重，深為可憂。上午作函三緘，手指僵痛異常。午餐後小
睡，亦竟未入睡。起後整理書件，閱歷屆國防會之議事
錄，仍不能用腦。今日允默整曬衣服，至為辛勞，提議至
郊外散步，五時與之挈憐兒同至明孝陵，並謁總理陵墓，
八時歸。夜孟海來談，貽余葑里牘稿一冊。謙五弟來，偕
憐女去滬。十一時寢。

9月25日　星期三　晴、有風　七十六度

九時卅分始起。連日之頹唐、痛苦，洵為近月以來
所罕有。心緒繁亂，神經脆弱，至不欲見客，不欲至公共

場所，蓋畏煩已極矣。上午國防會常會未出席，在寓靜
養。作私函三緘。允默為我整理物件，勞勞終日無休止，
殊內愧也。午餐已一時許，餐畢小睡未熟，輾轉反側，只
感疲倦，甚以為苦。申報記者吳範寰來訪，所談多不中肯
要。希聖來，略談而去。唯果夫婦來訪，以天氣晴美，提
議出游，乃偕允默及彼伉儷同至靈谷寺游覽。林木蓊蔚，
偶有陽光照射，心境稍怡。散步至八時歸。夜讀荁里文三
卷。十一時卅分寢。

9月26日　星期四　陰雨　六十八度

九時起。今日腦病似稍癒，然體力仍未復原，允默
患傷風已二日，今日上午仍治事，為余整理衣篋，不辭
勞，余滋自愧服務精神之不逮也。閱唯果對東北問題之講
演四篇，至情至性流露楮葉間，不僅以言詞擅長而已，閱
竟送還之。向午梁均默兄來訪，與之談秘書廳諸事，一時
去，始得午餐。餐畢小睡，至三時起。忽憶雙十節主席宜
有廣播詞，蓋余最初誤記以為去年未播講，頃檢三十四年
稿，乃知每年皆有，未或間也。近來雜務漸繁，余疲頹如
此，恐不能執筆，乃不得不託希聖代為之矣。致王伯天及
良英各一函。委座今日下午自贛回京，八時約往談，以病
未赴約。夜約誦盤為默診病。十二時寢。

9月27日　星期五　晴　七十四度

昨晚睡尚酣，但入睡時間已遲，醒後殊感疲乏，再

睡至九時十分始起。允默傷風未癒，但熱度已稍退，為之心慰。閱本日中央日報，持論漸趨平實，不如以前每多偏宕之詞矣。閱公私函札多件，體力精神仍未復原，且有微熱，又懸慮於各種應做未做之工作。午餐後小睡乃作極離奇錯雜之惡夢，醒後為之不快者久之。張肇元秘書長及吳德生君來訪，談立法院事。旋唯果偕張子纓君來談。子纓將赴美就聯合國中國代表團顧問，談卅分鐘而去。傍晚甚感惆悵，心神不寧。接官邸電話。夜十一時就寢。

9月28日　星期六　晴　七十八度

　　昨上半夜睡尚佳，但五時即醒，偃蹇不能遽興，隔二小時又矇矓再睡，至九時始起。盥洗畢，十時往官邸謁委座，適劉為章、李仙洲晉謁，余乃在客室靜候，與曹聖芬君談話。十一時十五分入見，報告病況，僅一二語，亦不及詳陳並報告。接洽各事畢，委座命余多作休息，隨即交下文件，係馬歇爾建議，請發表一聲明。又口述要點，囑擬一電稿，並將此文件加以整理。持歸寓所，先將聲明稿閱讀，不欲擅易其內容，酌為調整字句，即交謄正。一時午餐畢，小睡不能入眠，三時起。寫電稿，而手顫不止，腦尤疲竭，短短三、四百字，至六時始寫畢送呈。夜希聖來談。十時卅分寢。

9月29日　星期日　晴　八十度

　　八時卅分起。昨晚睡眠較佳，晨起兩小時內精神似

已恢復原狀，但十時以後即又感疲乏繁亂矣。接委座電話，為紐約某出版家譯印「中國之命運」事有所指示，即電顧大使請其交涉，將譯稿先由我方校閱後方可出版（此電於今日下午發出）。自行篋中檢出「中國之命運」初版，改正留稿一份，與增訂本對照校正，擬即交繕一份備用。今日午睡，以天時太熱未入睡。三時起，閱報。唐乃建君來談，約一小時去。六時後與允默同至清涼山游覽，登掃葉樓，遇林蔚文夫婦，同坐啜茗，八時歸。夜與希聖通電話，為中央晚報事。十一時卅分寢。

9 月 30 日　星期一　晴、甚熱　八十四度－八十六度

九時起（今晨六時前即醒，再睡一小時許）。以精神未復，故未參加紀念週，黨政會報亦未出席也。以「中國之命運」增訂本交省吾就初版本對照註改，以備寄送國外之用。發致王亮疇先生電，詢英譯本。寄六弟函，附致劉攻芸兄一函。又覆友人函三件。今日上午精神尚佳，然作事仍無力，而腕力又顫弱，不能多寫字也。一時到官邸午餐，于、孫、戴、白諸先生共十六人同餐。委座說明馬、司調處之建議，二時卅分歸。小睡未熟。下午熱甚，實之弟婦來訪。傍晚偕默出城游覽靈谷寺。八時卅分歸。十一時就寢。

10月1日　星期二　晴　八十八度

八時一刻起。今日天氣更熱，余之身體精神更大受影響，體力疲軟已甚，心緒之繁亂亦無可形容。午前只將省吾所校改之中國之命運對照本複閱一過，此外即未作他事。所居室兩面當陽光，啟窗通風，則雜聲囂煩，殊足影響工作也。實之弟來談，一小時許去。都無好壞，奈何奈何。午餐後小睡亦未熟，取二十六、七年致家人書札而讀之，則當時病態又歷歷在目矣。今日中共忽發表備忘錄，要求速停攻張垣，民盟亦正式有文件發表。傍晚偕允默閒步新住宅區。夜芷町來談甚久。十一時卅分寢。

10月2日　星期三　晴、下午雨　九十二度

七時卅分起。閱報載周恩來在滬發表之談話及民盟上主席書，意態囂張，要求無理，實非常情之所能忍受，可知中共全面叛變已達最後揭開真面之時期矣。局勢緊張如此，而余之精神體力迄仍疲憊不振，真自愧恨。十時卅分閱希聖兄所擬雙十廣播詞之要點，似覺內容空虛，不切合於實際。然仔細思之，居今日而言國慶，實亦無適當之言詞可以安慰國民，而振勵之也。午餐後小睡，至二時卅分起。天氣薰熱，有如炎夏，殊不可耐，今日上、下午有客來均謝絕之。擬修改廣播詞要點，至夜八時仍無成就。十一時就寢。

10月3日　星期四　陰　七十一度

　　八時卅分起。昨晚大雨之後，氣候突轉涼爽，今日室內溫度驟降至七十四度，又續降至七十一度。儼似深秋矣。精神仍未復。委座電話來詢，謂如病未癒，則不必勉強出門，以實在之病狀陳之。旋宏濤來談，匆匆數語即去。今日幕僚長會議，去函請病假，又函均默請代出席。在寓將雙十文告要點整理修正之。發寄滄波一函。公展來訪，未晤也。午餐後小睡甚酣。接雪艇電話，詢「中國之命運」出版事。三時夏晉熊兄來訪，攜來亮公「中國之命運」譯稿一本。下午三時卅分正擬將雙十要點呈上，而委座適有要旨發下，多係對時局之說明，遂將原件擱置不呈。約希聖來，託其代撰。孟真來訪，八時始去。夜與祖望談。十二時寢。

10月4日　星期五　晴　六十九度

　　八時卅分起。今日精神稍佳，深望能逐漸恢復健康，蓋職守上之曠誤已多矣。上午發函四緘，致亮疇先生者係問候近狀，又致辟塵、良英、伯準各一緘。如此即需時兩小時，腕力、腦力之疲可知矣。曾慕韓君約定期談話，以病辭之。午餐後小睡頗酣，二時卅分醒即起，略無遷延淹滯，此亦一佳象也。為蔣君章君改文稿一篇。延陳醫師來注射治目疾之針劑及ORETON各一針。得皋兒自天津來函，言次媳於上月二十七日舉一女，為之欣慰。校讀中國之命運英譯本。夜皓兒來談。十一時寢。

10月5日　星期六　陰、夜雨　六十八度

昨晚睡眠極不佳，二時卅分即醒，合眼靜息，終不能再睡，起而服藥少許，乃又矇矓睡去，六時卅分醒，八時十五分起。致皋兒一函。閱本日京滬各報載，中共發言人對政府二日聲明之答覆，其狂妄倨傲之態度，達於極點，政府和平解決之苦心恐將等於虛擲矣。時局至此，洵可歎憤。十一時稍有頭暈，林佛性君來訪，囑祖望代見之。子纓來電話，亦未接談也。心緒又繁亂，意趣甚惡。午餐後小睡，悵念公私，感慨紛集，竟不能合眼。六時希聖來談，攜來雙十廣播詞初稿。晚餐後擬為審閱修改，而精神大疲，只得擱置。十時卅分寢。

10月6日　星期日　雨　六十六度

八時起。作函三緘，分致王雪艇（商「中國之命運」譯印事）、李唯果、葉公超（為「中日戰爭」論文校閱譯稿事）三君。九時卅分開始研究希聖所撰之雙十廣播詞稿，終覺字句上有應修潤補充之處，隨閱隨改，然腦筋甚疲，至十二時僅校改半篇，已不勝疲倦。午餐後小睡至二時卅分起。續閱文稿之後半篇，以目前局勢如此緊張，似不宜作通常時期之指示，意將原稿關於文化、經濟之二段刪除，而重寫關於社會者一段。至六時校閱完畢，即行交繕。陳醫來注射B‧C及肝劑。今日吳文藻君二次約談，均無暇接見，甚歉疚也。夜省吾將稿繕交，余無力核閱。十時卅分寢。

10月7日　星期一　晴　七十二度

七時卅分起。今日氣候晴朗溫暖，余昨晚睡足八小時，精神亦較舒爽。但因有文字工作，故不及出席紀念週，即黨政小組會議亦去函請假焉。八時以繕就之廣播稿送呈委座後，作函數緘，分致雪艇、立夫諸君，並覆六弟一函，致宇高、兆梅兩君一函。又致顧大使及道藩兄（促其早歸）。十一時卅分委座約往談，以改就之廣播稿交下，命再整理。又交下聲明譯稿文一件，囑余重寫。十二時三刻午餐後，方擬小睡，又接委座電話指示，乃將兩件校改完畢。三時五十分就睡片刻，五時起。希聖來談，共同研究交件之內容。夜食湖蟹。八時續奉電話，又修改文字，十時交繕。十時卅分寢。

10月8日　星期二　晴　七十四度

七時卅分起。昨晚睡眠尚佳，惜晨醒太早耳。盥洗畢，將雙十廣播詞改正稿校閱後，以一份送國宣處翻譯，一份送呈委座。十時卅分接芷町電話，始憶明日為委座六十生辰（陰曆九月十五）已不及備禮，惟有明日親往祝賀矣。今日此心忽忽於文字工作，總不能放下。余之痼疾隨時日而益深。午餐後小睡僅四十分鐘即醒。接良英、伯準、辟塵、滄波各一函。延陳廣煜君來打針。五時卅分應召往官邸，與鐵、立、俞、辭修、子文、健生同入謁，知共產黨今日口頭答覆馬歇爾，對政府及個人之建議，正面拒絕，但委座仍謂不放棄和平商談之方針。旋交下文稿，

攜回修改至十時始完畢。十一時卅分寢。

10月9日　星期三　晴　七十五度

　　七時卅分起。委座來電話索閱改正稿，囑將三人會
議應談之具體六項在文內刪除之，即為再改呈閱，並送一
份囑國宣處改譯。今日為九月十五日，委座六十歲生辰，
十時到官邸祝嘏，向經、緯兩世兄道賀，並與諸友懽談。
十一時卅分辭出，到國府謁委座，將核閱之稿（已有修
改）攜回再整理。午餐畢已一時，擬小睡而神經緊張，不
能入睡。致雪艇一函，以「中國之命運」譯稿及中文兩冊
囑祖望親送外交部。五時委座廣播，七時聖芬來，匆匆定
稿後發表。八時應蔣夫人之約，參加壽宴。到戴、于、
白、宋、鐵、鼎、果、立等十四人。十時宴畢，余得贈品
寶塔一座而歸。與默談話，十一時寢。

10月10日　星期四　晴　七十五度

　　七時卅分起。閱報登廣播詞有二句衍文，係發稿時
未詳校之故也。九時參加中央常會，一致決議：蔣主席任
期延至憲政實施後依法當選之總統就職之日為止。十時
十五分國慶紀念典禮，十一時禮畢，歸寓。今日典禮由于
先生致詞，精神充沛，甚可羨佩。接陳之邁君來函，論美
國政情及對我國之政策甚詳。午餐後小睡未熟，二時起，
作長函致張平羣君，為中國之命運在美出版事。四時張沅
長君來訪，即託其攜去代寄。五時接泉兒函告，九月十九

日育一女孩，甚欣慰。六時與默外出散步一小時。夜致泉兒、細兒、皋兒各一函。十一時卅分寢。

10月11日　星期五　晴　七十四度

七時卅分起。閱報載周恩來十月九日致馬之備忘錄，要求之無理，可憤，而措詞較和緩，甚堪研究。八時卅分後將連日積疊未閱之函件盡閱之，以陳之邁君之報告付繕寫，覆編纂室函，又致辟塵一函，上午伏案約三小時餘，至十一時乃大感疲憊。近日精神較佳，而實際仍不堪工作之煩也。午餐後小睡，徬徨不能就睡。戶外雜聲甚多，再服Amy. 一丸，又略睡至四時許起。閱申報，知各黨各派又活躍奔走，李璜有與民盟合流之勢。五時應召到官邸談話，到鐵、立、鼎、厲、杰、沛、夢麟及余等八人，決定即日下令通知國大代表報到。六時卅分歸，浩徐來談。夜十時卅分寢。

10月12日　星期六　晴　七十四度

七時十五分即起。近日晨醒特早，大約每夜只能睡六小時而已。午前作函數緘，閱參考件。並研究憲協會小組所討論憲草之結果，覺條文甚為凌亂，且有多處未得協議，政府將以何種方式提出於國大，殊費斟酌。而亮公又滯留海上，指導無人，甚悵然也。十一時覺悶熱殊甚，呼匠理髮。午餐後小睡，僅一小時許即醒。祖望今日午後車去滬，擬參加十三日大伯母百歲冥誕之祭奠。三時卅分林

佛性兄來談一小時。四時卅分到中央黨部參加鐵公約集之會談。六時卅分回寓。希聖來談甚久。晚餐時皓兒來，夜八弟來談。十一時寢。

10月13日　星期日　晴　七十六度

七時二十分起。閱今日各報，知中共與民盟青年黨果以國大報到令為藉口，而作擴大之宣傳，此後必尚有不少之糾紛，可以預想。靜觀時局，真感憂憤，而自省身體精力，又覺無可奮鬥，徬徨抑鬱，無可排遣。十一時延陳醫來打針。覆滄波一函。趙之仙君來訪，囑省吾代見之。午餐後小睡，睡中多夢，心境不寧。二時卅分起，整理BII號書篋。四時往訪梁均默兄未晤。歸以一函呈委座，述病狀及不能恢復工作之實情。五時到武彝路孫哲生公館會談。鐵、立、厲、杰、立、震、鼎、沛均參加，談至七時始歸。夜致皚、明、樂函。十一時寢。

10月14日　星期一　晴　七十三度

七時十五分起。八時十分到牯嶺路梁均默兄家，商談廳務兩事。九時到國府，出席紀念週，此為余自牯回京後第一次出席也。白健生先生報告軍事，簡潔而有內容。九時五十分禮畢，出席黨政小組會報，由陳立夫君主席，討論各案，十一時卅分總裁親臨，指示應研究國大之宣傳要綱。十二時到官邸會餐，商對於滬上各黨派請求恢復商談事，由文官長紀錄後，送孫院長派人面達。二時十五分

始歸。允默於三時車去滬，余頓感寂寞。六時約滇生來談廳務二事。唯果來商「中日戰爭」譯件，至八時餘始去。九時佛性來談憲法。十時卅分寢。

10 月 15 日　星期二　晴　七十一度

七時起。連日晨醒特早，總在六時左右即醒，此或年齡關係，然起床後則未覺如以前之健爽也。閱本日各報所載孫院長之談話及昨日官邸會談之結果，頗多似是而非之報導，甚足引起誤謬之推測，不勝杞憂。九時約君章來談「中日戰爭」文中應查對受降時日俘之總報。蓋志希文中謂，日本投降時，中國戰區所牽制之日軍總數為一、二八三、二〇〇人，而何總長之報告則為一、二五五、〇〇〇人也。嗣經查明，應以何總長為準，而加上越北之日軍三萬人，乃囑英文譯本中改為約計一百卅萬人。九時卅分奉召赴官邸，知馬帥仍熱心調處，委座以彼昨日送來之代擬聲明稿交余重寫其前段。攜歸屬筆，乃覺不易措詞。正屬稿間，滇生、次仲、立吳三君來談，檢舉漢奸應定限期事，談一小時而去。腦筋為之攪亂，靜憩十五分鐘始復撰擬，直至一時寫成。約沈昌煥秘書來，共商定稿後，即繕正送呈。心力甚疲，不能出席下午舉行之國大代表遴選會。三時小睡至四時起。道鄰來談一小時許。其所言徒足增人慨嘆。此君雖有才華，而實則氣度不足，至今猶無改也。芷町來談。徐可亭君來談。七時應召往官邸，適委座另有他事，余亦有事，未晤而歸。夜四弟自滬來

京。吳文藻來訪未晤。十一時寢。

10月16日　星期三　晴　七十四度

七時十五分起。八時卅分奉召到官邸，委座以對時局聲明之修改稿（係昨晚與馬、司商酌經調解、建議修改者）交下，命再整理。九時回寓工作，不能出席中央常會及國防會常會，遂請假焉。與俞大維君通電話，詢問疑義，即對照英文稿逐段整理，然有若干處係奉親筆修改者，則不便多所更動。十一時約皮、沈兩君來，共同斟酌。以兩君對委座與調人間晤談事項知之較多也。十二時將全稿最後酌定，十二時卅分親自攜往國府。一時國防會常會完畢，即見委座，以改正稿送呈，並有所說明。一時十分至勵志社，應哲生、鐵城之約午餐。席間商議如何答覆在滬各黨派斡旋之態度。彭部長浩徐提出，委座應有一書面表示，力子、雪艇等論及其內容，乃使余不能不將擬發之稿約略陳述之。彼等均主張不可負各黨派之意思，然友邦調處人之熱心亦不能不顧也。餐畢至官邸一轉，留簽呈一紙而歸。小睡四十分鐘即起。四時與哲生等九人同至官邸商談，委座指示擬先研究後再發。五時卅分歸，閱國防會件及晚報。七時晚餐，胃口不佳。餐畢接電話，九時再至官邸。與鐵城、達詮、浩徐、雪艇等同入見委座，知已面邀馬、司兩人會談，決定將聲明稿於今晚發表，並請孫院長發表談話。十時歸，與四弟、學素、祖望談話，直至十二時始寢。

10月17日　星期四　晴　七十六度

七時起。閱各報及關於憲法草案之件。中央日報編輯凌亂而不知輕重，以電話與星野兄長談指示之。唯果兄攜中日戰爭譯文稿再來商校一過，並閱所附地圖。十時彭浩徐及立夫、乃建、同茲集余寓會談國民大會宣傳綱要之件，浩徐草擬五條，又補充二條，殊未見完備，但彼意欲不誤時限，且有他事，即匆匆散會。十一時至國府聯合辦公，委座未到，由文官長及各秘書長談一小時餘而散。歸寓午餐後，小睡未深睡，三時起。閱陳洪君送來之關於委座命擬定期停正檢舉漢奸以安人心而杜流弊辦法審查報告。四時參加法制專門委會，六時始歸。夜與八弟、學素等談話。十一時寢。

10月18日　星期五　晴　七十六度

七時起。發寄高其昌函，覆陳之邁一函，均託陳漢平君攜美。為竺可楨先生請費及宗武旅費，與歸國請費事，上簽呈兩件。得希聖昨日來電，謂尚須留滬數日。李唯果兄攜「中日戰爭」文最後譯稿再來商談，並閱所附地圖（係國防部所製地質調查所繪譯）。唯果十二時去。與立夫、達詮通電話。午餐後已一時，小睡一小時餘醒。四時往謁委座，以鐵城等在滬所傳文告中「開會之前提」請示，委座謂聞中共將發文告，俟見到彼方聲明後再談。五時歸，徐佛觀君來談。六時往訪亮公，彼今日始歸。夜委

座在官邸約哲生、達詮、亮疇、立、沛等敘餐。九時三刻
與屬生同歸，談話甚久，至十二時許始寢。

10月19日　星期六　晴　七十五度

八時卅分始起。昨夜服藥多量，故晨醒特遲也。九
時早餐後，九時卅分到武彝路孫院長公館會談，到達詮、
雪艇、立夫、屬生等，聽取雷秘書長報告滬上商談情形，
各黨派對於停戰令頒發前之「同意」一詞請求解釋，經眾
人研究後，由雪艇擬具說明要點，囑余呈核。回寓後，交
省吾繕正。十二時卅分約雷儆寰同赴官邸，謁委座請示。
奉諭不必特加解答，儆寰亦不必去滬，並囑鐵城力子即回
京云云。一時歸午餐，食黃魚、搶蟹甚鮮美。二時午睡，
至三時起。研究時局，又深感中樞一切準備不足與人手之
稀少。陳伯莊來訪談四十分鐘去。在寓無聊甚，與四弟談
近事。傍晚與夫人通電話，決定中日戰爭一文由余具名撰
述。夜無事，十時即寢。

10月20日　星期日　陰　七十二度

八時起。昨夜雖就睡甚早，而咳嗽劇烈，以致中宵
屢醒，睡眠不足，晨起時精神殊疲憊也。沈昌煥秘書於九
時許攜函稿（致 Walter Yuat）來，請余簽發，擬將「中
日戰爭」文稿以余名義撰擬寄出。此乃夫人之意，余遵從
焉。知委座將出巡，十時特至官邸晉謁請示。適鐵城、力
子自上海歸來，請見報告，乃陪同晉見。知各黨派人事明

日均可來京，委座指示只能以聲明內八項為範圍，作非正式交換意見。十一時到孫院長官邸會談，吳鼎昌君後至，旋即奉召往見委座，由吳請求委座展緩行期，委座允之。以電話來告在孫宅諸人，於一時散。約定明日午餐。余於一時卅分歸寓，與季俞諸人午餐。餐畢小睡，至三時起。吳文藻、唐鴻烈來談。夜皓兒來談。昌煥又來談。十一時寢。

10 月 21 日　星期一　晴　七十二度

七時卅分起。咳嗽稍減輕，而精神殊未復原。主席今日決定赴台灣巡視，而各黨派之代表則定於今日上午到京。此次在滬上接洽時，原係由雷震秘書長往致迎候，並使中共以外各黨派不因張垣攻下與政府發布報到令而動搖其參加國大之決心。及後雷君返京，孫院長等必欲斡旋其事，加派鐵城、力子兩君去滬，本為向彼等解說，請其勿打消來京之初意而已。其後吳、邵在滬與各黨派商談累日，且於延安發表聲明以後，仍被各黨留住海上，且仍與共黨接觸，於是各報均稱「和談」移滬。其實十六日主席文告指示明確，須三人小組、五人小組同開，憲草會亦召開，均無所謂「和談」二字之根據也。八時卅分到國府，與孫、邵、厲、鐵、立、杰、鼎昌、大維等商談，余個人觀察各人對基本之態認識殊不一致，惟厲生、大維二君認識較真切耳。十時紀念週畢後，孫、邵、王、吳去機場迎賓客，余與厲生、立夫、亮疇、健生、辭修、大維諸人同

見主席。主席指示亦殊簡略，交手條二紙：一、政治方面
交鐵城攜去；二、軍事方面交大維攜去。十一時卅分主席
離國府，余等再續談二十分鐘。正午十二時卅分在國際聯
歡社由孫院長宴請各黨派人士，二時卅分始散。三時歸寓
小睡，心境繁雜，僅合眼十分鐘而已。四時起，樂兒自上
海來，談滬寓近事，知允默甚忙。五時卅分到武彝路孫
宅，約民盟、青年黨、無黨派諸人交換意見，我方立夫未
到，談約三小時歸。晚餐後疲極。十時卅分就寢。

10月22日　星期二　晴　七十四度

七時起。閱報見中共代表團發言人梅益發表之六項
談話，正式聲明不承認蔣主席聲明中之八項，可見彼輩欲
頑強到底，而政府方面實太無法再與接觸矣。上午與樂兒
閒談。閱私人函札。核閱孫兆梅君之主席事略而未完畢。
蓋心緒殊不閒定也。正午應錢新之、莫德惠、胡霖諸君之
約，到交通銀行午餐。餐畢已三時，歸寓小睡起，延醫打
針。傍晚叔諒等自外歸，與彼等閒談。七時到孫院長宅會
談。屬生、立夫、鐵城、亮、鼎、沛十人均到。八時晚餐
畢，與大維談十五分鐘。其後各黨派代表（中共以外）陸
續來，余忽患頭暈，先退回寓。十時卅分寢。

10月23日　星期三　晴天　七十六度

七時三刻起。今日精神甚感疲憊，蓋竟日開會，至
七小時以上，乃不能支也。上午九時到國府參加國防會二

○八次常會，討論國史館案，中醫管理案，設計考核處案，郵電加價案等。各委員發言甚多，議案又繁，先後開會達四小時，至一時始畢。今日上午接委座自台灣發養電，即轉辭修、大維兩君，並在國防會內面告之。一時由國民政府出至勵志社，與我方政協同人午餐。對於羅隆基昨晚轉提中共詢問之十一項，商討如何簡單說明，決定請孫、杰二人說明。三時卅分歸，神經緊張，神疲頭痛，小睡極不佳。傍晚有微熱。夜柏園來訪未晤。與四弟、八弟等談話，至十時三刻寢。

10 月 24 日　星期四　晴　七十八度

　　七時卅分起。覆允默一函，又覆細兒一函。閱本日報紙，知周恩來昨日曾訪司徒，而調人方面則無表示，各黨派則期望主席及早歸京也。余以昨日開會時間太長，影響腦力，今日決在家休息一日。接允默電話，滬寓惇信路住宅又生問題，為之心繁。十時卅分張君勱先生來訪，談憲法草案等事，彼又述及中共方面之所重視者為東北之地方政權，余未表示意見，僅謂此非主席所能考慮也。十二時午餐畢，小睡一時卅分起。閱政協會及二中全會經過之各文件。傍晚亮疇來談。七時唯果來談。夜學素來談。十時卅分寢。

10 月 25 日　星期五　晴　八十度

　　七時卅分起。今日氣候轉熱，余身體各部分均覺不

舒，胃腸不佳，且患頭痛，以此因循，未作一事也。兩目
近日又覺乾枯，閱報稍久，即模糊不辨矣。閱兆梅所為主
席事略，擬為更改，而腦力極不濟，只得置之。上午似有
微熱，試睡一回，閉目輒複現繁雜離奇之境，腦筋脆弱已
極。中午謙五來，約出外午餐，只得婉謝之。天放來，亦
未接見也。午餐後服IPR 一粒，小睡一小時餘起。核閱交
辦之新聞公司件，未能獲得結論。孟祁來談。夜與樂兒談
話。取二十四年以來之舊日記讀之，使腦筋別有所寄。
十一時寢。

10月26日　星期六　陰、有風、下午晴　七十二度

七時卅五分起。昨晚睡足，今日精神較爽。氣候轉
涼，自茲當漸入深秋初冬矣。作家書一緘，又致六弟及葉
啟宇君各一緘，均為房屋事。致兆梅一函，以所擬傳略之
稿寄還之。樂兒來京五日，今將回滬，赴北平就學，為作
一函託胡適之君照料教導。午餐畢，小睡至二時起。樂兒
以三時四十分車去滬。亮疇先生約參加審查會，以設計考
核處經過各件函寄之。六時在孫院長家會談，到鐵城、辭
修諸君，知各黨派明日將提具體建議。九時餐畢，約道藩
過寓談話。十一時寢。

10月27日　星期日　晴　六十六度

七時三刻起。今日氣候轉入深秋，晨起僅六十二
度，雖有陽光照耀，而室內最高時亦僅六十七度而已。午

前料理積疊文件若干件，轉呈關於丁先生房屋件，核議軍務局送來交議徐佛觀之件，均即送出。又高宗武請費件，及竺校長考察補助等批件，均送政務局。發致何西亞兄一函。今日上午聞民盟等又有會議，不知其詳。午餐後小睡二次，精神稍復。聞委座三時抵滬，計留台灣六天。首都群盼歸京，甚望其明日能回來也。閱三人小組會議經過紀錄，附件極多，甚難得其端緒。夜八弟、皓兒來寓，八弟與余談新聞業務。十時卅分寢。

10月28日　星期一　陰　六十五度

七時卅分起。詢官邸，知委座今日上午或可回京。八時五十分到國府參加紀念週，于先生主席，陳辭修報告青年團概況，十時禮畢。政協政府代表孫院長等（立夫赴滬未到）集文官長室，研討民盟、青年黨等所提之意見，雪艇對東北軍政，認為宜乘此謀一解決，談至十一時卅分散歸。十二時奉召赴官邸，垂詢近日商談狀況，一時卅分歸。午餐畢，小睡未熟。三時卅分到孫宅會談，民盟又提出一修正案。（主張東北共軍駐地為：（一）齊齊哈爾；（二）北安；（三）佳木斯）。由辭修、大維等研討其得失。談未竣，而黃炎培等四人來，又攜回原件，謂將再加補充修改，此甚可異也。余等商談至六時始散。七時卅分與孫、邵、王、張、辭、俞、吳、鼎等到官邸晚餐，商如何答覆。委座今日對第三者之案甚激動。十時散。十一時寢。

10月29日　星期二　陰晴　六十七度

八時起。盥洗畢，委座電話來約。八時卅分到官邸晉謁，承命擬一電稿，致各省市停止鋪張慶祝祝壽之舉動，如鑄造銅像等，尤其不可指定公務人員每人各出一日所得，以充慶祝之費用。並謂將約見青年黨及無黨派與民盟人士接談。九時退至宏濤室內，匆匆寫就通電稿，即至國府訪芷町拍發之。十時卅分歸，接細兒來函。剪貼報紙。十一時卅分王福清偕攜懷賢小弟來訪，談至十二時卅分去。一時午餐，餐畢睡至三時起。與曹聖芬君通電話，詢上午約各黨派談話情形。四時到孫哲生家中會談，初以為僅政府同人會談而已，不料民盟及各黨派亦來，紛紛提出詢問，我方應答殊為凌亂。哲生所言尤越範圍。七時歸，與委座通電話。夜追紀談話要點。六弟來談甚久。十一時卅分寢。

10月30日　星期三　陰　六十四度

八時始起。將昨夜所寫之紀錄續完，送呈委座時已九時餘，乃不及參加中央常會。今日下午將約各黨派無黨派人士再作會談，綜合昨夜之見聞，研究答覆之限度。十時卅分約希聖兄來談，彼甫自滬歸來也。十一時卅分到官邸，入謁委座。十二時與哲生諸公同入見。戴、鄒、于諸先生亦來。午餐時委座宣佈：「對各黨派苦心促成和平，及為便利國民大會之如期舉行，政府方面可將前宣示之八點中第四、第六再予變通讓步。至憲草中『行政院對立法

院負責』一點，以上半年憲草審議小組內政府已同意之條
文為準，此外行政院則於國大閉會後即可改組。國大名單
中共應即提出，與停戰令同時發表。又非正式五人會議仍
舉行。」云云。筆錄一份，以原件交吳秘書長。二時餐畢
歸寓，午睡至四時起。吳德生來訪，與談一刻鐘。毓麟
來，未及與之接談也。中央黨部為國大代表遴選事集會，
亦未及赴會。五時卅分到孫院長家，鐵、厲、杰、力及達
詮、雷震均到，談今日晤見各黨派之時之程序。七時十五
分炎、衡、漱、羅、章、曾、李、啟天、柳忱、政之、嘉
銘等均來，七時五十分晚餐，餐畢會談。由哲生陳述政府
之意見後，羅、黃、曾琦轉述與中共晤談之結果，竟堅持
絲毫不讓步，而所謂「第三方面」者，乃以離京要挾政府
先改組行政院，再開國大。又要求政府不必將接收中長路
提出，紛紜奇詭，完全為中共張目，座中同人均憤慨異
常。十一時卅分始散歸。服藥，十二時卅分寢。

10 月 31 日　星期四　晴　六十八度

七時卅分起。今日為介公主席六十生辰，八時以
後，天日晴朗，陽光煦暖，象徵其事業前途之光明，為之
喜悅無量。此二十年來，介公之憂勤勞瘁至矣。抗戰勝利
以後，障礙重重，不獲致力於建國大業，而國家之統一與
安全備受威脅，介公先天下之憂，後天下而樂，其心懷乃
無一日之閒適。今日出行遊覽，以火車至無錫，對此青天
白日之好天氣，賞覽湖光，願其怡悅康強，終能完成革命

建國之志事也。此次壽辰，各方皆獻文字為頌，余弄筆左右十餘年，乃不能撰詞致祝，且亦未能寫一完美之傳略，心甚歉然。八時卅分早餐畢，九時到中央黨部簽名祝壽。九時卅分到國府，就壽堂致敬。旋在國府會客室，與哲生、雪艇等六人商談昨晚談話後之對策。雪艇提建議一件，余亦附簽焉。歸途遇經國，談十五分鐘。回寓曝日閱報。午餐後小睡，至二時起。鎮海方善桂君來訪，談一小時。方君畢業哈佛，習經濟，俞君國華貽函介紹，盛稱其學問文字之美，今日接談，覺其議論篤實，洵後起之秀也。傍晚摘寫報告一件，甚費氣力。夜與四弟等談話。以疲甚，十時即寢。

11月1日　星期五　晴　七十度

七時三刻起。昨晚十二時後入睡，夜中患咳嗽屢醒，睡眠頗感不足，晨起後即感頭暈，然精神尚可強支耳。九時接委座電話，約往談，報告前晚會談經過。委座指示，國大萬不可再延期，至於目前商談，應俟中共對十六日聲明表示接受後始可與之作非正式之談話。十時卅分歸寓，又接電話指示，對蘇聯之宣傳方針，謂中央日報應表示與蘇友善，即以電話告希聖。十一時八弟來談，午餐畢，小睡極不寧貼。二時卅分起後，覺疲倦而頭痛，且因寒暖不時，略有咳嗽。四時卅分到官邸，與胡政之君同晉見委座，四時五十分辭出。五時卅分歸寓，作家書二緘，明日發出。八時與哲生、鐵城等到官邸會餐。委座對商談方式，謂不應撇開美方，又指示宣傳件。十時歸，十一時寢。

11月2日　星期六　陰　六十六度

八時起。昨晚睡足八小時，今晨精神較為舒暢，然咳嗽未癒，鼻腔傷風，則近日冷熱變動太驟之故也。九時委座約往談，口授要點，命擬文件一種。係說明國民大會開會之旨趣。所示之點，甚有不能自圓其說者，叩詢疑義，則謂姑照此書寫，不必拘泥，殊令人不可解也。約希聖談話，一小時去。芷町來，未及詳談。向午吳德生君來談憲草事，至一時始進午餐。餐畢小睡，至二時一刻起。三時卅分到官邸陪張君勱入見，談當前時局，約卅分鐘，

四時卅分歸寓。接葉啟宇兄函，知滬寓房屋無眉目，再去一函，託其相助。傍晚皓兒來，夜八弟來談。九時陪竺藕舫君謁見委座，順便談及憲草。十時送藕舫回寓，彼明日出國矣。希聖再來談，對時局相顧嘆息。十一時卅分寢。

11月3日　星期日　晴　六十八度

八時起。昨晚睡至中夜，又徬徨不能入睡，再服S. AM 一丸，如此藥量增加，漸失效用，洵屬有害，而不能自已，為之奈何。閱報後即研究委座交擬之文字，希聖所寫一稿，似覺太長，而未將委座之意思鎔入其中，乃計劃另為撰寫。未動筆而芷町來訪，談一小時去。王純熙來訪，託其內姪事。朱世明將軍及吳文藻伉儷來訪，一時始去。午餐畢，小睡起，至三時始動筆。然此件特別難寫，七時始完成大半，甚覺不可用。下午咳嗽增劇，氣管作痛，鼻中涕洩甚多。七時卅分與憲草審議會哲生等四人及吳、杜、史同謁委座晚餐，商憲草提交事，至十時完畢。與委座略談歸。咳甚甚，十一時寢。

11月4日　星期一　晴　七十度

昨晚咳嗽甚劇，又胃不消化，二時後始入睡。但仍因咳嗽而屢次驚醒，四時五十分後乃突患水瀉，腸部不寧，自是連瀉三、四次，甚覺疲倦，八時卅分始起。今日紀念週不能不請假矣。十時延陳醫師來診，授藥兩種，仍為注射肝精及BC 而去。十一時將昨日寫就之文件先送委

座核閱，並將希聖所擬之稿一併送呈。此一文件，預料將幾費推敲。然余今日咳嗽不止，而腹疾、胃疾如此，實無力再從事文字工作也。午餐食稀粥，下午只能偃臥休息，疲憊甚矣。四弟勸我攝生之道。夜實之弟及學素先後來談。聞道藩病，甚念之。十一時寢。

11 月 5 日　星期二　晴　六十九度

八時起。昨夜睡眠尚佳，但咳嗽仍不時劇作，至以為苦。九時十分委座電召往談，余實疲甚，且有微熱，不能往，只得報告請假。明知近日工作緊張，不容曠延，然病體如此，實無可如何也。昨日水瀉數次後，更增疲乏，幸節食一天餘，今日瀉已止矣。咳嗽時牽動全身，尤其頭痛特甚。十時卅分希聖來，委座以昨擬之文字交彼整理，彼甚拘謹，補充整理後，仍送余閱定而送呈之，然送出時已下午三時卅分矣。宏濤來電話，實之電話來問疾，唯果擬來訪，僕人以余病辭之。夜咳更劇，延誦盤來診。十時卅分寢。

11 月 6 日　星期三　晴　七十度

七時卅分起。咳嗽似已稍癒。仍未完全痊復。今日國防會二〇九次常會請假未往。因多人集會之場所，患咳者不宜參加也。九時卅分到官邸謁委座，報告咳嗽稍痊，精神已復。委座交下修改後之文件，謂已交沈秘書翻譯，仍有改正，命余就別室整理之。即至沈秘書室內複校。旋

唯果來，囑彼二人分譯。十時三刻歸，發家書，託君章代
向國民大會報告。道藩來訪，未晤談，留書告別，謂暫
去杭州小住，即作一書馳慰之。午餐後小睡，至二時許
起。研究主席對國民大會致詞之內容要點，五時卅分約
希聖來共商，即囑其起初稿。希聖於晚餐後去。七時卅
分德生來談，送來憲草修正案。八時卅分訪亮疇，九時
歸。十一時寢。

11月7日　星期四　晴　七十二度

六時五十分起。昨晚睡眠殊酣足，約計睡七小時以
上，晨起精神佳暢，惟咳嗽又稍劇耳。八時五十分與委員
長通電話，九時到孫院長公館，與亮疇、雪艇、力子等商
憲草修正案問題，旋又談及如何答覆各黨派請開非正式談
話會之問題。十時卅分鐵城亦來會談，十一時散，與哲生
略談即歸。發致蕭化之函。午餐後小睡至二時一刻起。洪
蘭友君於十二時三刻來談，聆取之餘，頗感國大開會在
即，而一切準備茫無端緒，皆因元首事務太繁，而幹部無
明確之專責，退而思之，良可焦憂也。午後代擬令文稿一
件，殊不愜心，且非本懷。傍晚毓麟來談。旋唯果夫婦來
談，七時卅分到官邸，與哲生諸人同晉見。委座對憲草
等有指示。十時散，與屬生、浩徐到立夫家談話。十二
時寢。

11月8日　星期五　晴　七十三度

七時五十分起。昨夜睡太遲，臨睡食台灣柚子四片，晨起腹痛洩瀉，甚感疲倦。委座於九時五十分約見國大代表，余辭不往赴約。但九時十五分官邸來電話，招余往談，乃不得不扶病前往。適薛伯陵將軍與委座談於別室，乃坐待之。十時委座交下司徒雷登代擬之聲明稿，略有標識，命就昨日閱定之稿併合為一，且限一小時即譯英文，與沈秘書共同工作，十一時卅分勉強完畢。而馬將軍來謁，又攜來代擬之修正稿。十二時馬去，委座囑余等口譯後，研究內容，決定有二點不宜採用，余請即以英文稿為原本而改譯之。一時委座約各院長及鐵、立、鼎等午餐，余未參加，與沈秘書工作至三時始畢。歸寓只能僵臥。五時熊葆亭老友來談。夜與四弟閒談。十時卅分寢。

11月9日　星期六　陰、微雨　六十八度

七時卅分起。昨晚睡眠亦暢適，晨起精神較佳。閱報見停戰令已發表，而中共與民盟乃作反對主席聲明之表示，可為憤憤。九時謁委座商憲草完成立法程序事，即攜件至文官處，與吳文官長談洽。十時卅分歸寓，處理公私函件。今日孫宅約集中共、民盟、青年黨及無黨派人士會餐，余以病辭未赴會。午餐後小睡，竟又狂咳不止，遂披衣而起。欲起草開會詞，苦無可商者。希聖之文又太散漫冗長，乃約芷町來商談久之。旋滄波來談。林佛性來談憲草事。夜擬作文，而精力不濟。十時即寢。

11月10日　星期日　陰雨　六十二度

六時五十分起。今日天氣驟寒，此後轉入初冬季節矣。盥洗畢，略進餐，即著手改撰主席於國民大會開幕日致詞。時日已迫近，不容多加研究，而近數日之局勢瞬息變化，又甚難懸想開會時之狀況。但各黨派不參加十二日之會，則可確知者。自七時卅分起，至十一時卅分草草完稿，約二千八百餘字，腕痛神疲，不暇複閱矣。中午鶴皋兄來談，午餐後一時許別去。余小睡極酣，至三時後始起。為俞局長審查一建議案，簽註意見而歸之。七時接官邸電話，八時前往晚餐。到莫柳忱先生等五人。委座仍囑促各黨派提國大名單，十時歸。希聖來談。十一時寢。

11月11日　星期一　陰　六十二度

昨晚以蓋被太薄，不夠取暖，致睡中屢醒，今晨六時五十分起，精神較昨日為遜。因之國府紀念週亦未出席。蓋昨日殊不能不作相當之葆攝也。七時卅分六弟自滬來，匆匆一見，未與詳談。八時後將開會詞稿約四弟來同為整理。今日心粗神疲，不能用心。十時修改畢交繕，十一時送呈。公展兄來午餐，談國民大會事。彼至今日始感焦憂，實則國大開會之結果本未可逆料也。一時後小睡，至三時卅分後始起。待委座核改之稿，久久未奉交下。下午國大籌備會約代表茶會，余亦未赴會。希聖來談，知青年黨等仍游移不定，恐不能提出名單矣。七時到官邸謁委座，詢文告，則知政府可考慮將國大延期三日。

九時到哲生家會談，王雲五等來電話，十一時決定發表延
期令。十二時寢。

11月12日　星期二　晴　六十四度

今晨八時卅分始起。因天寒貪睡，且昨晚就睡太遲
故也。今日為國父八十一歲誕辰，九時到中山門外謁陵，
以遲到十分鐘，甫上陵前台階，即聞奏樂之聲，乃在墓道
前肅立行禮，不及登祭堂也。十時歸寓，陽光照耀，天時
晴佳，而余心乃感慨不怡。蓋日來所接觸之事多堪殷憂
者。國民大會開會後之情形，無論各黨派參加與否，其能
否順利進行，難以預測也。午餐時仍患咳嗽，友人貽高郵
湖蟹，乃不敢多食。六弟來，略談即去。午後天陰轉寒，
小睡不暢，與四弟談久之。夜滄波、公展來談。客去後改
文字，十二時寢。

11月13日　星期三　晴　五十九度

八時起。今日天氣晴而多風，氣候轉寒，上午僅
五十七度，室內亦不得不用熱水袋以取暖矣。中央常會停
開，利用此時間以修改開會詞文稿。因昨夜已有初步成
就，故修潤尚易。十時交繕，午後始送呈之。十一時卅分
六弟來談立法院對交議之憲草竟在審查會中遭遇波折，余
固料其有此一著。曉峯來談久之。午餐後已一時，接達詮
電話，謂憲草應經中常會通過之手續，即至官邸謁委座報
告，奉諭遲一、二日再定。時適鐵城、立夫、厲生、正綱

等同在官邸，乃參加會談。委座今日情緒甚激昂不寧，知
其刺激深矣。二時一刻歸，小睡多夢，至四時始起。浙代
表阮毅成等四人來談。夜與學素、祖望等談話。十一時就
寢。

11月14日　星期四　晴、下午陰　五十八度

七時五十分起。昨晚睡眠極酣足，今日精神正常，
惟天氣轉變，晨醒後骨節酸痛（已有三天），戀床不欲遽
起耳。八時卅分應召到官邸，奉交下開會詞稿，略有改
正，謂可初步定稿。又為希聖請遴選為國大代表，即奉手
諭，囑吳秘書長加入。至周秘書處一轉，即歸。文稿既初
步決定，心中不必多所牽掛。歸寓後略加整理，即交繕
正，心甚閒豫。觀天日晴和，殊為怡悅，如此心境，近月
來不常有也。閱報貼報畢，致立夫一函。十一時卅分彭部
長浩徐來談中國之命運譯印事，並談國民新聞公司事。
十二時卅分午餐，餐畢睡至三時起。與希聖等通電話。午
後四時黨員代表茶會未赴也。傍晚聖芬來談。發中央社消
息。夜八時五十分允默自滬歸京，談細兒婚事之準備。
十一時就寢。

11月15日　星期五　晴　五十八度

八時一刻起。今日天晴，而早晨較昨日猶寒。回憶
八年旅蜀，冬令特暖，今回東南將不耐嚴冬之氣候矣。環
境移人，往往如此。九時到官邸見委座，奉囑轉知鐵城召

開臨時中央常會，即以電話告之。回寓一轉，略進早餐，
並服止咳藥。十時參加國民大會開幕典禮，到代表一三五
〇人，稚公為臨時主席，委座以國府主席身份致詞。十一
時十分禮畢，與屬生、同茲略談即出至官邸，與曹秘書接
洽發表新聞事。十二時卅分歸，一時午餐畢，允默外出訪
親友，余小睡至三時許起。與六弟通長途電話。四時周惺
甫先生來訪，攜來錢南園字一幅，胡蘊山君所贈也。四弟
今日肺部患疾，延醫來診。夜唯果來談。八時卅分到國府
出席國大代表遴選會。十時十分散會歸。十一時就寢。

11 月 16 日　星期六　晴　六十二度

　　七時五十分起。今日國民大會停開，各代表均於上
午十一時往靈谷寺陣亡將士墓致敬。余以人多，且上午治
事畢後，時間已迫促，乃不及參加也。正午十二時到官邸
陪客，今日宴請六十歲以上代表，到詹調元、孔庚及晉省
之薛老先生等十五人，主席一一問詢地方情形，甚為周
至。二時一刻餐畢，天時晴美，精神怡爽，乃至吳宅訪岳
軍（新自美國歸來，今晨自滬抵京）。談別後情況。四時
歸，小睡至五時起。林佛性君來談立法院為憲草談話會情
形。七時到官邸陪宴國大代表，到龍雲等十餘人。九時
畢，到大華理髮，歸與八弟談話。十時五十分寢。

11 月 17 日　星期日　晴　六十四度

　　七時五十分起。天時晴暖，精神頗覺怡爽，今日國

民大會，以例假未集會，乘此空閒，在寓休息。與允默談細兒婚事，預計下月二十五日余未必有暇，由允默函細兒商嚴宅改期，不知能如願否。上午延陳廣煜君來注射藥針。十二時許與雷震通電話，知張君勱欲提出條件，得總裁函覆後始提名單，其遲廻作態如此，而雷震為之辯護，在電話中正言駁詰之。不覺言之激切也。中午陳次仲來訪，談半小時去。午餐後小睡，至二時卅分起。與立夫、屬生通電話，並上委座報告一件。三時到武夷路孫宅，與岳軍、達詮、雪艇、屬生、力子等會談，推岳軍、雪艇與君勱商洽。五時卅分歸，夜閱報，十一時就寢。

11月18日　星期一　晴　六十二度

七時起。八時卅分參加中央紀念週，到國民大會代表數百人。總裁領導行禮，致詞勗勉黨員，在開會時應虛心謙和，遇事忍讓，俾大會完滿順利，以立建國基礎。九時十分詞畢散會。王雲五先生與余談話，表示擬辭去經濟部職務，囑為轉達。九時卅分入見主席，談十分鐘出。吳文官長約談，商國府改組事，談畢已十一時，遂不及參加國大之預備會矣。歸寓後閱公私函件十件。十二時十分午餐畢，小睡至二時卅分起。今日天時溫暖，余心境甚怡適。閱余越園來函，論通志事。傍晚以後，為寓所房屋等事，與望弟談甚不洽。趙君豪來訪。十一時寢。

11月19日　星期二　晴　六十三度

八時十分起。九時赴國民大會，出席預備會，與童冠賢兄並坐，前後坐則為志希夫婦也。討論主席團選舉辦法，歷二小時餘始通過。大會代表發言殊太多而雜矣。十一時卅分君章歸寓。十二時卅分到委座官邸陪客。今日宴川、豫、閩三省高年代表，到十五人。二時餐畢歸，休息至三時三刻始起。與寒操兄及亮公通電話。乃建兄來談。六時參加浙同鄉歡迎，由浙來京代表之宴會，七時十五分歸。八時卅分到官邸會餐，與會者君勱兄弟、鐵、鼎、立、羣、屬、杰等，談至十時歸。希聖來談。十一時就寢。

11月20日　星期三　晴　六十五度

八時起。閱報及情報各件，與唯果兄等通電話，並與芷町及吳鍊才君通電話，為下午國防會事有所接洽。十時到中央黨部參加國民大會主席團本黨候選人之選舉會，投票選二十二人。十一時偕賀自昭君同車歸寓。自昭與余談北平學風、國大觀感及西洋哲學名著編譯委員會事，約卅分鐘去。為民社黨事，上委座一函。十二時卅分到官邸陪客午餐。到達浦生等國大代表十五人。二時餐畢歸，小睡至三時卅分起。下午四時出席中常會，討論憲草修正案，經兩小時之辯論，卒獲通過，交立法院。又通過國民政府組織法。接開國防會，通過行政院組織法修正案。八時十分散會歸，以備推主席團候選人，分別函辭聲明放

棄。至十二時始就寢。

11月21日　星期四　晴、下午陰　六十四度

　　七時五十五分起。昨晚入睡太遲，心境不怡，影響睡眠，今晨起床以後兩小時內，猶覺精神不暢也。唯果兒來訪，縱談國民大會之前途，並陳述其對憲草修正案之意見。余為比較新舊兩草案，指出其異同之要點及共黨陰謀之所在，談約一小時餘而去。午餐時，皓兒來家。餐畢延陳醫來打針。小睡至二時起，處理函件。接樂兒來函。三時參加大會第三次預備會，選舉主席團。五時卅分歸，核改講詞一篇。近兩日目力大壞，視覺模糊。七時卅分到官邸陪客晚餐。到曾琦等十二人。鐵城、立夫同席。九時餐畢，歸寓。十時卅分就寢。

11月22日　星期五　晴　六十二度

　　昨晚以服藥無效，至三時許始矇矓入睡，六時即醒，然實倦甚，直至九時以腹瀉便急，乃始強起。略進早餐後，閱報數份，忽覺週身發冷，且頭痛異常。委座午刻宴邊地代表，約余作陪，不得不請病假焉。十一時後小睡至一時起。傷風及頭痛仍不止，食稀飯兩碗，再就睡至三時起。今日下午三時國大預備會遂亦不參加矣。允默往視實之弟婦於病院，余在寓整理文件，為委座發致吳市長電（為虞洽老公祭致敬悼之意）。前日所面囑者也。夜希聖來談各黨派情形，並研究憲草問題，談兩小時去。

十一時寢。

11 月 23 日　星期六　晴　六十四－七度

八時卅分。今日國民大會僅主席團有會議，大會正式會當於二十五日始開始也。思圻哥下月六十生辰，頗思作一序以贈之，然近日心思不能集中，提筆輒止。近來真疲弱枯拙，不堪言矣。十時芷町來談政務局諸事及財政經濟狀況，與其所見，十一時卅分去。以仍有頭痛，故中午官邸宴客未能往陪也。午餐後小睡至二時起。閱憲法草案，三時到國府出席遴選會，於閒談中語侵雷震，事後思之，殊悔太訐直，後宜戒之。五時會畢，又至中央黨部開會，一片散漫，無可折衷，心竊憂之。七時卅分散會歸，即晚餐。餐畢與四弟、八弟談話，精神疲頓，十時卅分寢。

11 月 24 日　星期日　晴　七十度

八時十分起。昨夜睡眠極酣適，晨起精神佳暢。閱報載民主社會黨已提國大代表名單，四十人中僅四人能舉其名字耳。委座竟與之交換信件，寬大之懷，真不可量。十時應電話邀約赴官邸，與公權談東北事。十一時入見，面示要點，命擬宣傳文件，謂將舉行記者招待會。然所示四點均極難措辭。十一時五十分歸寓，十二時卅分又至官邸陪客。今午宴梅恕曾、陳潛溪、何適、孫慕迦、王紹佑等各代表，聞皆別有組織，即所謂憲政社之社友也。二時

一刻餐畢，回寓午睡，至三時卅分起。搜集材料，準備撰
寫談話稿。但以心思不能集中而中輟。晚餐後繼續研究，
並約唯果來共商。至十一時就寢。

11月25日　星期一　上午晴、下午雨　六十六度

七時卅分起。昨夜睡眠亦佳，但今晨早起殊勉強
耳。實之弟婦以病施割症，允默往醫院視之。余整理昨擬
談話，並作函兩緘。八時卅分到國府參加紀念週，委座出
席，對國大之黨員代表諄諄致訓，望能通過國府所提之憲
草。九時卅分禮畢，參加遴選委員會。十時覺寒，回寓加
衣，並電何孟吾索資料。十時三刻參加國大第一次正式
會，討論議事規則，決定付審查。十二時散會，到官邸，
往秘書室小坐，十二時卅分陪客午餐。到祁志厚、王廣
慶、吳祥麟、席振鐸等十人，餐畢與席振鐸談話。二時卅
分歸寓，小睡至四時許始起。天雨轉寒，乃不復赴大會
矣。續寫談話稿二則，研究綏靖區土地處理辦法。夜擬撰
談話，因目力模糊未就。十一時就寢。

11月26日　星期二　陰雨　六十四度

八時起。昨夜睡尚佳，惟今日仍略有咳嗽耳。九時
出席國民大會第三次大會，將議事規則修正通過。會場內
意志分歧，秩序亦不佳，然較之昨日似已平靜。十一時卅
分先歸，將命擬之談話稿足成之。午餐後又補寫修改交
繕。一時卅分小睡，至三時始醒。皓兒今晨由滬來，攜來

細兒一函，謂婚期可由余決定。囑允默函覆，定為一月八日至十一日間任擇一日均可。余今日下午未往參加大會。傍晚滄波來談一小時餘，此君灑脫，可羨之至。荷君寄示六十自壽詩，讀之感唱。夜接泉兒自美寄來函。十一時十分寢。

11 月 27 日　星期三　陰雨　五十六度

七時五十分起。今日國民大會，以無議案，停會一天。上午主席團開會，商討開議憲法案之程序。余本擬出外訪友，因天雨驟寒，氣候突變，身體頗感不支，遂未出門，在寓研究憲草，並修改講稿。十一時寫報告一件，將昨日所擬之談話稿送呈。十二時一刻到官邸陪客（先與沈秘書昌煥談宣傳事，其見解可嘉）。今日委座約主席團，適之、雲五、雯掀諸先生午餐，餐畢已二時卅分，復約余及達詮談話。命擬報告詞，備明日提出憲草時之用。三時歸，小睡約一小時。搜集材料，乃知此件極不易寫。五時卅分約希聖兄來相助。夜與希聖商定要點，由彼起初稿。十二時後加以校訂改正，凡一小時始畢。一時就寢。

11 月 28 日　星期四　下雪　四十六度

昨晚轉寒，重棉不溫，至三時許始入睡。七時卅分起，接委座電話，商講演詞。八時後下雪漸大，九時到國民大會出席第三次大會。到一千三百六十九人，胡適之主席，委座以國府主席身份親提憲法草案，交胡適之君接

受，然後向大會報告制訂憲草之經過及感想，語意誠摯，歷卅分鐘始畢。十一時招余往見於主席團休息室，閒談十分鐘。余再出席，聽孫哲生之報告。十二時一刻歸午餐。餐畢小憩，睡不深而多夢，皆心有牽掛故也。三時起。唯果來談。五時聖芬攜講詞紀錄來，為修潤校訂之。七時卅分晚餐。夜無心作事。十時卅分寢。

11月29日　星期五　晴　五十二度

七時三刻起。陽光佳美，與積雪相照耀，推窗四望，滿目鮮妍，此江南景象，旅蜀七年所未曾見也。顧氣候仍寒甚，晨起時僅華氏四十四度耳。九時出席國民大會第四次會議，左舜生主席，出席者一四三三人，就憲草先作一般性討論，但中間忽因資格審查委員會問題橫生枝節，各代表紛紛責難，發言凌雜，秩序極壞，此足以反映一部分代表之情緒也。十一時休息十分鐘後再復會，乃始入本題。余十二時先歸。委座今午一時宴民社黨代表，約余陪客，以事請假未赴。十二時卅分午睡，至三時始起，延陳醫來打針。下午研究憲法甚久，而心思不能集中。夜畏寒，亦未作事。十一時寢。

11月30日　星期六　晴、下午陰　五十六度

七時五十分起。今日國民大會第五次會議，廣泛討論憲草，余請假未出席。九時約吳德生君來寓，商討主席團憲法顧問之人選（係委座交擬），並研究憲草應維持之

條文及可以自由斟酌再加修正補充之部分，至十二時完
畢。以名單先呈閱。十二時卅分到官邸午餐，到主席團
孫、張、白、鄒諸人及辭修、立夫等。委座指示，盼於半
月內將大會工作完成。孔庚先生表示甚多之意見。二時卅
分歸寓小憩。三時卅分再至官邸，參加會談，到鼎、雪、
皮爾、虛白諸人，商宣傳事，約一小時即歸。天氣轉寒，
傍晚尤甚。夜芷町來長談約二小時餘，交換憲草等事之意
見。十一時卅分寢。

12月1日　星期日　陰　五十六度

昨晚因代擬訓詞一篇，十二時卅分始就寢，詎知藥力失靈（服安眠藥後，如工作一小時以上，則藥力失效），竟未睡熟。今晨七時五十分起，將訓詞電稿（致基督教協進會十二屆大會）再加整理，送政務局發函。九時卅分到亮疇先生家，商憲草必須維持各點，刪去兩條。繼又同至哲生先生處討論，再加補一條。哲生對職業代表參加立法院及國大表示反對，並談理論甚久。十一時卅分歸寓，將原件整理。午餐後，送呈委座，並請約集幹部共同商討一次。一時小睡未熟，二時卅分即起。函國大秘書處，認定審查組。傍晚與立夫通電話，商審查憲草事。夜希聖來談邊疆問題。十一時寢。

12月2日　星期一　晴　五十七度

七時五十分起。八時卅分出席國府紀念週，委座對本黨出席國大之代表訓話，勉以恪守民權初步，在會議中態度要良好。九時卅分禮畢，在國府與岳軍及立夫、經國分別談話。十時出席國民大會第六次會議，本日仍廣泛討論憲草意見，張知本先生發言時，台下掌聲極多，似預有組織。十二時散會，歸寓午餐，食薺菜，極甘美。餐畢小睡，至三時一刻起。委座電話詢對於基督教協進會之祝電，告以已發出矣。吳練才秘書來電話，詢國防會常會事。五時約盧滇生君來談國防會事。八時到官邸晚餐，參加研討憲草內主要問題之會談。十一時十五分完畢，十二

時卅分寢。

12月3日　星期二　晴　五十八度

七時五十分起。昨夜入睡太遲，而今晨六時卅分即醒，事務稍繁，即又失眠，可知神經尚未健全也。整理昨晚會談各問題之結果，計問題十一則，將各人所言要點及已決定各點彙紀之，並檢呈二中全會關於邊疆問題決議案送委座參閱。今日中午委座宴蒙古各代表，託梁均默兄前往作陪，以備諮詢。午餐後小睡，亦不酣適。今日上、下午大會均未能出席。四時約林佛性兄來商憲草未決各問題，談約一小時有半。六時委座約往談，命擬覆張君勱函。歸寓擬就並繕正，於八時卅分送請簽發。夜與諸弟閒談。十一時寢。

12月4日　星期三　晴　五十八度

昨睡仍極不安穩，未明即醒，遷延至八時許起。仍研究憲草，八時四十分林佛性兄以整理稿送來，較余之稿有所增益，交換意見後，即交省吾繕寫。又將關於亭林學院請撥校址校舍之件送政務局辦發。今日國民大會第八次會議仍未出席也。十時後覺疲甚思睡，又小睡一小時半，十一時卅分起。午餐後再睡二小時，始將睡眠時間補足。閱定國防會之議事日程。金誦盤君來談甚久。函孟海請代撰思圻哥六十壽頌。七時卅分到官邸會餐，對憲草各問題作第二次會談。今日佛性、哲生均未到，雪艇、力子發言

甚多。十一時卅分歸，十二時卅分寢。

12月5日　星期四　晴　五十六度

七時三刻起。昨睡尚佳，惟晨醒太早，不免頭目暈眩之苦。盥洗畢，整理昨晚會談憲草之經過，紀錄交省吾繕正之。閱報載國大廣泛討論憲草之意見，深感若干問題仍無折衷至當之解決方案也。十時卅分後頗感煩疲，小睡一小時。午餐後又睡二小時以上。天氣晴和，而畏寒貪睡如此，殊不可解。三時卅分起床後，細思憲草問題，甚感交辦之件無從處理。公展兄及董為公兄來談一小時餘去。夜滇生主任、振夫組長來談國防會結束事宜，約二小時而去。致驪先函。十一時寢。

12月6日　星期五　晴　五十五度

七時五十分起。昨夜咳嗽甚劇，妨害睡眠者二小時，然晨醒以後即無法再睡，故睡眠仍不足也。閱各報關於憲草之評論及主張等。處理私人函札十餘件。委座因中央日報登載周恩來回馬歇爾文件，語意模糊，與中央政策相違，兩次嚴詞質詢，甚表不滿，即函希聖兄，並電約馬星野社長來談。馬君於十一時偕陸鏗同來，陸鏗說明原委，其見解幼稚已極，詳細指正之，逾十二時始去。午餐後小睡一小時餘，二時卅分起。將四日晚談話紀錄稿交送哲、亮、鐵、杰、立、羣、修、力、井、蘭、震諸人。三時出席國防會二一一次常會，五時接開中央常會，討論卅

六年度工作方針，各委員發言甚多。七時散會歸，今日心
神不怡，易於惱怒。夜滄波來談約一小時去。十一時十五
分寢。

12月7日　星期六　晴、下午陰　五十四度

八時起。今日國民大會，除第六審查會外，均未開
會。以各種提案均在秘書處整理中也。九時卅分吳德生君
來談出國譯經，請求補助費事，即為簽呈請示。讀中央日
報社論，發覺其立意措詞均不允當，以電話告希聖兄注
意。今日為憲草問題，尚未有縱橫貫通之辦法，而諸負責
人均不在寓，無從商量，想念前途，非常憂悶。午餐後小
睡多夢，此三、四日神經脆弱，易於惱怒，不及上月多
矣。三時與儆寰通電話。致立夫一函，以討論憲草應注意
事項寄之。向晚意緒稍轉寧靜，四弟、望弟及諸同人以明
日為余之生辰，特備肴饌祝賀。八弟餽贈果物，並來參與
會餐。芷町兄亦被邀參加，余飲酒微醉。與芷町談至十一
時。約姪來談。十二時卅分寢。

12月8日　星期日　晴　五十五度

八時起。昨晚臨睡時約兒因入學試驗不如意，忽感
惆悵，余夫婦二人均為之感慨不已，故入睡甚遲，睡眠亦
不佳也。晨起盥漱畢，見天日晴美，自喜生日逢此好天
氣，頗為欣慰。惟以國大期間，或恐委座有事相招，故未
能出外游覽。在寓閱情報件，讀報，又接閱國大代表對憲

草之提案一百件，費時約二小時。向午亮疇先生來訪，商憲法施行之過渡條款。亮公擬有初稿，囑余複寫繕正，即交省吾整理。午刻秦振夫君來同餐。餐畢，與振夫談國防會結束各事。一時小憩，至三時三刻始起。接樂兒自北平來函，即覆之。今日皓兒來寓，以鮮花一束呈余祝壽。晚餐時食火鍋。夜希聖兄來談甚久。十一時卅分寢。

12月9日　星期一　晴陰　五十二度

七時卅分起。八時卅分到國府參加紀念週（與肇和起義紀念合併舉行），委座指示愈困愈奮之革命至理，以勗黨員代表。九時卅分禮畢，與屬生談話，旋與立夫談國大代表任期延長問題，十一時歸寓。閱情報件及參考消息，十二時到武夷路孫院長公館午餐。到舜生、啟天、君勱、傅霖、雲五、力子、亮疇、雪艇諸人，交換關於憲草修正之意見。三時歸寓，小睡四時卅分起。赴孫公館，商談青年黨請增加代表問題，岳軍、鐵城、鼎昌均到。五時三刻歸，七時卅分到官邸會餐。本日宴各審查組召集人，到五十人左右，八組均有報告，岳軍歸納指示。十一時歸寢。

12月10日　星期二　陰　五十二度

八時起。昨夜睡中狂咳達一小時，影響睡眠，晨起時頗覺疲倦也。早餐畢，將昨晚亮疇先生交閱之憲法施行過渡條款整理後，送呈委座核閱（下午奉批示）。今日各

組均開審查會，余以事未參與。十時卅分李唯果兄來談宣
傳方針及中宣部與財務委員會權限爭執事。余告以憲草審
擬之實況，囑其在宣傳上預為準備。十二時李君去。一時
午餐，餐畢小睡，至四時始起。天色陰沉，寒氣轉甚，雖
在室內亦有瑟縮之感。傍晚畏寒更甚，楊玉清君來談三民
主義半月刊事，作私函二緘，修改壽詞（祝思圻哥六十
壽）一篇。夜校改委座二十七日對黨員代表講詞一篇，費
二小時始完成。十一時寢。

12月11日　星期三　陰　晨四十五度（午五十度）

八時十分起。昨晚睡中以兩膝瘰癧作痛，未能安
睡，故睡眠又不足。今日氣候更寒，伏處斗室，猶瑟縮不
能作事。且傷風未癒，不能外出，致審查會亦未出席。如
此荒惰，無以自解。然心中固無不繫念憲草之產生也。終
日除閱報外未作他事。午餐畢，小睡一小時餘起。擁爐取
暖，讀賀麟寄贈之哲學評論。讀閱國大代表提案，自一○
一號至三八二號，有極離奇之主張。念大會如此龐雜，將
來制憲表決，困難重重。聞希聖兄言，今日二組審查會已
通過國大為行使政權之最高權力機關，此必為擴大職權伏
筆，殊為可憂。覆崔惟吾函，為山東同鄉請見主席事。夜
張曉峯兄來談一小時。十一時就寢。

12月12日　星期四　晴　五十五度

八時起。今日上午天氣仍寒，下午轉暖，余以昨晚

睡眠不暢，仍未赴審查會，但對一般審查情形，仍密切注意。余之觀察，憲草有三難點：

（一）黨內對政協精神及總裁意旨之不了解；

（二）民族見解之歧異；

（三）南北地域代表之紛歧。

故第一、二、四審查會之問題較多，第三組因運用有方，進行較順利。今日竟日在寓未出門，準備細兒婚期各事，並作私函數緘。下午二時至三時午睡。辦應酬件數件，八弟來談，頗致慨於生活之艱難。夜八時參加官邸招待國大主席團之會餐，餐畢已十時卅分。又與鐵城、辭修、岳軍、蘭友等向委座報告，至十一時歸。十二時寢。

12月13日　星期五　晴、下午陰　五十六度

八時十分起。今日第三審查委員會仍上、下午開會，余以在寓可聽取各委員會之消息，故一概未出席。接希聖兄之電話，知第二審查會之分子，有堅強結合，喧鬧而不講理，竟通過若干與大原則違背之條文，且亦與五權精神不符。可痛心者，多為本黨之黨員，名為擁護總裁，其表現乃如此。今日余決心暫置國大事不理，為細兒籌劃婚事，午刻接其來函，婚期決定一月十日，即致一函吳市長，請其證婚。又料理雜件數件。七時半委座約往晚餐，以國大制憲中少數人搗亂如此，頗為不懌，且極顧慮。八時半約鐵、立、雪、辭、岳五人來談，至十一時歸。十二時就寢。

12月14日　星期六　雨　五十四度

七時四十五分起。允默於今日早車回滬，為細兒準備婚事，並祝旦文姨氏六十壽辰，冒雨動身，室外寒冷，甚念之也。今日第三審查會未舉行，第二審查會繼續集會，又通過兩條極奇異之主張，聞之不勝慨歎。余深疑孔庚領導下之分子已有反政府派如民盟之類運用於其間，否則不致頑強至此也。上午補閱數日來之各報及參考文件。午餐後小睡一小時半，二時一刻起。謙五內弟來談甚久。接霸兒來函。傍晚與默通電話，告以十九日外姑逝世二周年，應致送奠禮。夜閱讀國大代表對憲草意見彙編兩厚冊。又閱讀發言紀錄共五冊，甚感疲倦。十一時寢。

12月15日　星期日　陰　五十二度

八時十五分始起。閱報及參考消息後，十時十五分往訪亮疇先生，談憲法施行之過渡條款問題，請彼即以草案送哲生閱定。並談綜合審查及一讀會之解釋問題。十一時三刻歸，八弟來談。午餐後發真蹟電報，賀旦文姨氏壽辰。小睡至二時卅分起。三時出席勵志社黨員代表茶話會。立夫解釋憲草應維持各點，其措詞不夠堂皇。五時卅分歸，補貼前兩日之報紙。今日報載民社黨忽有退席云云之要挾事，甚離奇。八時到官邸會餐，到主席團及綜合組召集人等十六人。委座談話甚激昂，諸人又會談，至十一時卅分散。十二時就寢。

12月16日　星期一　陰　五十二度

八時起。八時卅分參加國府紀念週，委座出席訓話，對不守黨紀之少數代表只知自私自利罔顧大局痛切警告，並指示對憲草必須維持與主張之五點。九時卅分禮畢，與岳軍同至達詮文官長室小坐。十時十五分委座約談，詢憲草過渡條款等事。十時三刻歸，閱報並修改十二月九日講詞紀錄一份。今日為望弟生日，略備肴饌，約實之弟及八弟同來午餐。餐畢，實之留談一小時，並為八弟談時局。二時卅分小睡一小時起。觀察國民大會之前途，殊覺未容樂觀，今日心緒又增悵惘。夜約唯果來，為委座擬電稿一則，致賀穆德博士膺諾貝爾獎金。讀書至十一時寢。

12月17日　星期二　晴　五十四度

八時卅分始起。連日天寒，今日放晴轉暖，作滬函數緘，並致允默一函，商量細兒之嫁事。近日物價激漲，幣值低落，余之經濟狀況幾將不支矣。國大明日起將開全體會，此後將進入忙碌階段，余神經不堪緊張，然近十日來之鬆弛，或可稍資調節也。為憲草過渡條款事，函亮疇先生，苦不得妥當解決之法。凌竹銘寄來遐菴年譜，讀之終卷。午餐後已一時，小睡至三時一刻起。又略有咳嗽。閱近三日內之公私文件。七時到孫公館，與亮疇、辭修、雪艇、鐵城等晚餐。八時廿分到官邸，參加會談，到十四人，交換關於過渡辦法之意見，對於代表資格之延續存

在，辭修與岳軍爭論甚烈。十一時歸，十二時就寢。

12 月 18 日　星期三　晴　五十六度

八時起。天時晴美，氣候轉和。九時參加國民大會第十次大會，與君章同赴會場，九時十五分開會，出席人數一三二五人。何雪竹先生主席，由張知本、林彬、王世杰、李中襄、江一平諸君報告第一至第五審查會經過，在會場內與青萍、公展、陸東諸兄敘談，十一時三刻歸。十二時卅分午餐，餐畢譯「中國之命運」敘言稿。二時小睡，至三時卅分起。修改二月二日紀念週講詞紀錄一篇。閱參考文件數疊。並讀宗教之著作。晚餐後忽患嘔吐狀，約二小時始癒。為籌措黨費基金，作信稿二件，擬分函勸募。十一時卅分寢。

12 月 19 日　星期四　陰晴　五十三度

昨夜服藥不足量，中宵屢醒，實未睡熟。六時卅分枕上聞北風怒號，天氣驟冷，八時後乃又入睡，至九時卅五分起。出席國民大會第十一次會議，以印刷件（過渡條款）送亮公及哲生院長，聽各組審查報告，十二時散會。與岳軍、立夫、亮疇諸君談話。出會場後，赴育德齋訪季陶，今日為其五十七歲之生日也。可亭、騮先亦在彼處，略談十五分鐘歸。一時午餐，餐畢小睡，至三時一刻起。讀杜魯門談話，未窺其全豹。美國對華政策正在醞釀轉變中也。七時卅分到孫宅晚餐，會商憲法實施程序，談至

十一時卅分，未作決定。十二時歸寢。

12月20日　星期五　陰　四十八度

八時廿分起。天陰轉寒，間有雪珠飄墮。九時與君章同至國民大會，出席第十二次會議。程頌雲先生主席，陳辭修報告綜合審查委員會審查結果及其經過，凡兩小時，而精神不倦，殊可驚佩。今日在會場中得讀杜魯門十八日發表對華政策之全文，亮疇、雪艇均謂應於字裡行間體會之。回憶去年十二月十五日在渝研究之情形，撫時感事，至為惋慨。十一時卅分歸寓，致亮疇一函。午餐後小睡，至三時起。四時出席國防部之黨員大會。五時到官邸，謁委座略談，應蔣夫人之邀，參加女代表茶會。八時歸晚餐，夜與滬寓通電話，閱報至十一時寢。

12月21日　星期六　晴　五十一度

昨晚臨睡前六弟來談報館事，至十二時後始入睡。又以閱澤永一信，心殊不懌，以致失眠。今晨八時起床，甚覺勉強。九時參加國民大會第十三次會，將憲草一讀通過。胡適之主席，進行殊順利。余與亮公在休息室商討過渡條款，約公展、哲生、井塘先後來談。十二時會畢，呈委座核閱後，交蘭友秘長送主席團。一時十分歸寓午餐畢，閱報，小睡至二時五十分起。三時參加大會，由騮先主席，舉行憲草二讀會，至六時卅分通過五十二條散會。與李唯果同車回寓。六弟、八弟同來晚餐。夜與唯果合擬

文告聲明一件，以備應用。與六弟談至十一時寢。

12 月 22 日　星期日　陰晴　五十一度

八時起。今日上午不開會，稍得休息。待唯果，久不至，十時始攜稿來寓，斟酌後將中英文兩件並呈，以備採用。希聖來談滬上民主同盟之新策動及民社黨游離分裂之趨向，至午始去。從其談話中，知對中央日報職務有倦意，此乃余第一次聞之者也。午餐後小睡一小時，三時參加國民大會第十五次會議，白健生主席，發言稍清晰，但無會場經驗，致會議進行極緩慢。今日二讀會僅通過四十餘條，而六十五條立委名額修正案均未通過，此事他日必貽後患。七時歸，夜讀書報自遣。十一時寢。

12 月 23 日　星期一　晴　五十二度

昨晚睡不佳，八時起床，甚為勉強。八時卅分參加國府紀念週，主席訓話，約卅分鐘畢，約余及亮疇、雪艇入見，談商憲法實施程序案，約一小時。十時參加國民大會第十六次會議，谷正綱主席，通過憲草立法、監察、司法、考試等各章。余等中途退席，列席主席團會議，雪艇、孟真、亮疇均參加，至一時卅分始畢。到上乘菴十八號參加黨員大會，提出六十五條事，多數均主張維持原審查案。三時參加第十七次會議，延四十分鐘始開始。孫哲生主席，二讀通過憲草，至一三九條。六時散會歸。夜倦甚，十時即寢。

12月24日　星期二　晴　五十三度

　　晨七時三刻起（昨晚睡足八小時）。接洪蘭友兄函，附來國大送達憲法於政府之函稿一件，以其太長，為之刪改。九時卅分到大會場參加國民大會第十八次會議，孔庸之主席，討論省縣制度等各章及基本國策章，二讀通過。對教育經費百分率，余與述庭諸兄提議修正，加經常歲出四字，竟被否決，殊為可惜。十二時一刻散會，歸寓午餐。小睡至二時卅分起。三時出席第十九次會議，王雲五主席，繼續二讀，至五時二讀完畢。續議覆議案二件，又通過憲法實施準備程序十條。七時散會歸，接西亞兄來函。夜徐聖禪君來訪，談至十時始去。咳嗽甚劇，十一時寢。

12月25日　星期三　雨　五十二度

　　昨夜睡中劇咳不止，屢屢驚醒，至今晨咳尚未癒也。八時卅分起，略服止咳藥，九時參加國民大會第二十次會議，于右任先生主席，將憲法全案三讀通過（僅于讀至廿八條時，憲政社分子又起鼓譟，然眾皆惡之），並議決卅六年十二月二十五日為施行日期。十二時散會，為預備下午講詞，略留二十分鐘。一時午餐，餐後咳仍不止，氣管部作痛。三時到大會場參加閉會典禮，由稚公主席致詞，親奉憲法於國府主席。國府主席亦簡短致詞。五時禮成，歡呼散會。六時歸寓，以久咳頭痛不止，小睡至九時起，略進小食。閱報，十一時卅分寢。

12月26日　星期四　雨　五十二度

九時起。今日仍劇咳不止，喉管以內至氣管枝深處似有物壅塞，且時作刺痛，雖未發熱，然已疲憊不可思矣。望弟欲延金醫來治，余以誦盤近來名醫氣派甚大，視此等病毫不經意，不如聽其自然，故拒絕之。然時服Hussol 而一無效果，亦不知其所以然也。近旬日來，心緒本已寧謐，又罹此小病，洵屬不幸之至。在寓養息，不思作事，至感無聊。十二時再睡，至三時起午餐。睡時則咳較瘥，不知何故？接四弟來函談家務。殊深感慨。傍晚夏武官、龔武官來。夜十時十分寢。

12月27日　星期五　晴　五十四度

八時起。今日天氣放晴，紅日滿窗，倍感溫暖。惟余之咳嗽迄未痊癒，肺部作痛，殊為不適。延陳醫來打針，並注射Guanadin 一針，又授余水劑一種，服之亦無甚效驗也。致軍務局函，轉去公事二件。又致政務局函，轉去松江女中江校長呈件一件。為滇生、雲光、練才諸君請特別費，並為元旦典禮講詞事致吳文官長一函。果夫介紹包明叔來謁，以病辭之，瘖啞如此，何能見客耶。午餐後，呈委座一函，小睡至三時起。翻閱舊日文告，準備撰寫元旦前夕廣播詞。六時卅分周秘書來，為修改致各部隊電稿。夜停電，十一時寢。

12月28日　星期六　晴　五十二度

七時卅分起。爐火未暖，室內溫度僅四十四度而已，可知連日所記之溫度皆不足為準，較之實在溫度約高出四度或六度也。今日國防會二一二次常會及農行董監聯席會議，余皆以傷風未癒，不能出席，分別去函請假。嗣聞國防會已通過三十六年度概算，尚不知其內容如何也。向午覺發冷，又精神疲乏，乃小睡至一時起。宏濤秘書再攜電稿來談，為之作第二度之修正。二時午餐畢，服藥一片，小睡極酣，至四時十五分起，精神與上午不同矣。服誦盤所開中藥，咳嗽亦漸減。夜皓兒來談，準備文稿未就。十一時寢。

12月29日　星期日　晴　五十五度

七時卅分起。昨晚雖屢醒，而睡眠時間充足，今晨起床毫無勉強。惟傭僕僅王興一人，早起爐火未生，室內溫度僅四十四度，微覺袪寒耳。陶副官對余病中諸事全不負責，命僕人召喚使來，當面儆戒之。君章今日凌晨即出外，以其妻挈女偕嫂昨夜來訪，似家庭中有糾紛難言之隱，故出走以避之。曩聞彼言及其婦不孝於姑，姑死崇明，而其妻留滬不肯奔喪，因不願與之相見。如僅此一事，何至決絕如此。可見戰時夫婦睽離，如此之糾紛正多也。盥洗畢，草草閱報，即著手撰擬新年廣播詞。此八、九年來所撰，均適應抗戰需要而作，今戰事結束已將十六個月，而國事迄無光明之象，甚覺解釋鼓勵均屬難於措

詞。然時日已迫，只能就昨晚所想定之要點，匆率成篇，幸今日精神尚佳，文機亦暢，絕少滯礙。自九時動筆，至一時五十分完成，全稿分七段，約四千五百字，撰寫既畢，腕骨為酸。午餐後已二時卅分，延陳醫來打針後，午睡至四時一刻起。接允默來函，想見其忙碌之狀，甚為繫念。傍晚孟海來談最近工作概況及身世，與擇業之意見，此君近來對余情誼日親，甚為可感。晚飯後始別去。修改上月廿六日及本月廿三日講詞紀錄兩篇。十一時十五分就寢。

12 月 30 日　星期一　陰晴　五十四度

八時起。咳嗽稍痊，而喉音仍啞，肺部猶隱隱作痛也。詢省吾，知廣播詞稿已送呈。今晨稍感疲倦，中央紀念週與中央常會均請假未出席。整理國民大會時之文件，彙存以備參考。與君章研究廣播詞，彼以為一年以來無此一氣呵成精力充沛之文字。午餐後，委座來電話，乃謂須加入二段意思。因知試官之意，不盡與考生相同也。小睡至三時卅分起，接曹翼遠送來元旦典禮訓詞，略為改易數字。四時後委座連續來三次手函，要補入不少的意思，前厚達九十頁之多，頭緒紛紜，且亦複雜，不易安排。晚餐後先將大體字句改正，略將中間四段重寫。自九時三刻起，到三時始得完稿，遂就寢。

12 月 31 日　星期二　陰晴　五十四度

　　昨夜入睡已在四時以後，又因咳嗽屢醒，實感睡眠不足。今晨九時五十分起，檢昨夜寫成之稿閱之，氣概尚暢順，而長達六千言以上，冗長拖沓，乃近十年來被迫養成之惡習歟。秋陽今日自滬來京，匆匆一晤，未暇與之詳談。十一時後覺困倦，睡至一時起午餐。接委座電話，知文字又有修改，囑聖芬、宏濤就近抄正。小睡一小時餘，精神稍復。接達詮、芷町各來電話一次。四時卅分同縝攜稿來訪，則委座竟將一稿拆為兩篇之用，命余補綴，此如何可能乎。即至官邸一轉，將廣播詞稿閱核修正。六時卅分歸，聖芬來，發表廣播詞，又修改，費一小時。夜撰寫紀念典禮訓詞。心疲力竭，拼湊而已。十一時寢。

民國日記 16

陳布雷從政日記（1946）

The Official Diaries of Chen Pu-lei, 1946

原　　著　陳布雷
總 編 輯　陳新林、呂芳上
執 行 編 輯　林弘毅
文 字 編 輯　王永輝、江張源
封 面 設 計　陳新林
排　　版　溫心忻

出 版 者　　開源書局出版有限公司

香港金鐘夏愨道 18 號海富中心
1 座 26 樓 06 室
TEL：+852-35860995

民國歷史天化學社

10646 台北市大安區羅斯福路三段
37 號 7 樓之 1
TEL：+886-2-2369-6912
FAX：+886-2-2369-6990

銷 售 處　　滾流成文化 股份有限公司
10646 台北市大安區羅斯福路三段
37 號 7 樓之 1
TEL：+886-2-2369-6912
FAX：+886-2-2369-6990

初版一刷　2019 年 10 月 31 日
定　　價　新台幣 300 元
　　　　　港　幣 80 元
　　　　　美　元 11 元
I S B N　978-988-8637-26-3
印　　刷　長達印刷有限公司
台北市西園路二段 50 巷 4 弄 21 號
TEL：+886-2-2304-0488